21世纪全国高等院校艺术设计系列实用规划教材

住宅空间设计

主　编　文　健　王　斌

副主编　胡　明　陈福兰　刘勇华

内容简介

本书内容包括住宅空间设计概述、住宅空间设计的语言、玄关与客厅设计、卧室设计、餐厅与书房设计、厨房与卫生间设计六个部分。本书全面地介绍了住宅空间设计的概念、程序和风格，以及住宅空间设计的基本原理、设计要求和设计法则。本书内容全面、图文并茂、理论结合实践、紧接专业市场，许多图片和图例都来自实际的住宅设计项目，实践性强，对在校学生有很大的指导作用。本书的图片都是通过精挑细选而来，能帮助学生更加形象直观的理解理论知识，这些精美的图片还具有较高的参考和收藏价值。

本书可作为应用型本科院校和高职高专类院校室内设计和环境艺术设计专业的教材，还可以作为行业爱好者的自学辅导用书。

图书在版编目(CIP)数据

住宅空间设计/文健，王斌主编．—北京：北京大学出版社，2011.7

(21世纪全国高等院校艺术设计系列实用规划教材)

ISBN 978-7-301-19087-6

Ⅰ. ①住…　Ⅱ. ①文…　②王…　Ⅲ. ①住宅—室内装饰设计—高等学校—教材　Ⅳ. ①TU241

中国版本图书馆 CIP 数据核字(2011)第 119218 号

书　　　名： 住宅空间设计
著作责任者： 文　健　王　斌　主编
责 任 编 辑： 孙　明
标 准 书 号： ISBN 978-7-301-19087-6/J · 0386
出　版　者： 北京大学出版社
地　　　址： 北京市海淀区成府路 205 号　100871
网　　　址： http://www.pup.cn　http://www.pup6.com
电　　　话： 邮购部 62752015　发行部 62750672　编辑部 62750667　出版部 62754962
电 子 邮 箱： pup_6@163.com
印　刷　者： 北京大学印刷厂
发　行　者： 北京大学出版社
经　销　者： 新华书店
787mm × 1092mm　16 开本　9.5 印张　219 千字
2011 年 7 月第 1 版　2016 年 8 月第 3 次印刷
定　　　价： 42.00 元

前　言

住宅空间设计是室内设计的一个分支，也是当前室内设计领域最前沿、影响力最广泛的一门学科。住宅空间设计的目的就是创造一个和谐舒适、独具特色和品质的人居空间环境。人的一生绝大部分时间是在室内度过的，而住宅室内空间又是人接触最多、使用最频繁的空间。因此，人们设计创造的住宅空间环境，必然会直接影响到人们生活和工作的质量，关系到人们的安全、健康和工作效率。住宅空间设计是室内设计领域最具人性化的设计学科，以人为本，创造出适合于人们生活和居住的空间环境是其终极目标。

本书全面地介绍了住宅空间设计的概念、程序和风格，以及住宅空间设计的基本原理、设计要求和设计法则。并从住宅空间的平面功能分析、空间类型、造型要素、色彩处理、家具与陈设布置等方面，结合住宅空间的功能、审美及使用者的生理、心理需求，系统地阐述了住宅空间设计的主要内容和表达方式。本书内容全面、图文并茂、理论结合实践、紧接专业市场，许多图片和图例都来自实际的住宅设计项目，实践性强，对在校学生有很大的指导作用。本书的图片全部为彩图，且都是精挑细选而来的，能帮助学生更加形象直观地理解理论知识，这些精美的图片还具有较高的参考和收藏价值。本书可作为应用型本科院校和高职高专类院校室内设计及环境艺术设计专业的教材，也可以作为行业爱好者的自学辅导用书。

本书的第一、三、四章由文健编写，第二章由王斌编写，第五章由胡明编写，第六章由陈福兰编写，刘勇华为本书提供了大量的图片，在此表示衷心的感谢。

由于编者的学术水平有限，本书可能存在一些不足之处，敬请读者批评指正。

编　者

2011年5月

目　录

第一章 住宅空间设计概述

第一节 住宅空间设计的基本概念

住宅空间设计是人们根据住宅室内空间的功能需求，运用物质技术手段，创造出舒适优美、适合于人居住的住宅环境而进行的空间创造活动。住宅空间设计讲究实用功能与艺术审美相结合，创造出满足人们物质和精神生活需求的居住环境是住宅空间设计的目的。

一、住宅空间设计的概念和特点

现代住宅空间设计是综合的室内环境设计，是一门集感性和理性于一体的学科。它不仅要分析好空间体量、人体工程学、家具尺寸、人流路线、建筑结构和工艺材料等理性数据，也要规划好风格定位、喜好趋向、个性追求等感性心理需求。

住宅空间设计具有以下特点。

1. 住宅空间设计强调“以人为本”的设计宗旨

住宅空间设计的主要服务对象是人。人是能动的，与环境是一种互动关系，良好的环境可以促进人的发展。以人为本的设计就是要重视人的需要，以人为中心和根本来进行设计，目的就是创造舒适美观的室内环境，满足人们多元化的物质和精神需求，确保人们在室内的安全和身心健康。

2. 住宅空间设计是艺术与工程技术的结合

住宅空间设计强调艺术创造和工程技术的相互渗透与结合。艺术创造主要解决审美的问题，它要求运用各种艺术表现手法，创造出具有表现力和感染力的室内空间形象，达到最佳的视觉效果。工程技术主要解决设计实施的问题，它是将设计构思转化为实物的过程，对住宅空间设计的发展起了积极的推动作用。同时，新材料、新工艺的不断涌现和更新，也为住宅空间设计提供了无穷的设计素材和灵感。

3. 住宅空间设计是一门可持续发展的学科

住宅空间设计的一个显著特点就是它对由于时间的推移而引起的室内功能的改变显得特别突出和敏感。当今社会生活节奏日益加快，室内的功能也趋于复杂和多变，装饰材料、室内设备的更新换代不断加快，室内设计的“无形折旧”更趋明显，人们对室内环境的审美也随着时间的推移而不断改变。这就要求设计师必须时刻站在时代的前沿，创造出具有时代特色和文化内涵的室内空间。

住宅空间设计欣赏如图1.1~图1.3所示。

图1.1　住宅空间设计欣赏1

图1.2　住宅空间设计欣赏2

图1.3 住宅空间设计欣赏3

二、住宅空间设计的程序

住宅空间设计的程序是指完成住宅室内空间设计项目所需的步骤、流程和方法。住宅空间设计的程序一般分为4个阶段，即设计准备阶段、方案设计阶段、方案深化和施工图绘制阶段及设计实施阶段。

1. 设计准备阶段

设计准备阶段的主要工作有以下几点。

(1) 接受住宅使用人，即业主的设计委托任务；

(2) 与业主进行广泛而深入的沟通，了解业主的性格、年龄、职业、爱好和家庭人口组成等基本情况，明确住宅空间设计的任务和要求，如本住宅空间设计的功能需求、房间分布、风格定位、个性喜好、预算投资等；

(3) 到住宅现场了解室内建筑构造情况，测量室内空间尺寸，并完成住宅空间的初步平面布置方案；

(4) 明确住宅空间设计项目中所需材料的情况，掌握这些材料的价格、质量、规格、色彩、防火等级和环保指标等内容，并熟悉材料的供货渠道；

(5) 明确设计期限，制定工作流程，完成初步预算；

(6) 与业主商议并确定设计费用，签订设计合同，收取设计定金。

2. 方案设计阶段

方案设计阶段的主要工作有以下两点。

(1) 收集和整理与本住宅空间设计项目有关的资料与信息，优化平面布置方案，构思整体设计方案，并绘制方案草图；

(2) 优化方案草图，制作设计文件。设计文件主要包括设计说明书、设计意向图、平面布局图、设计构思草图和主要空间的效果图，如图1.4～图1.6所示。

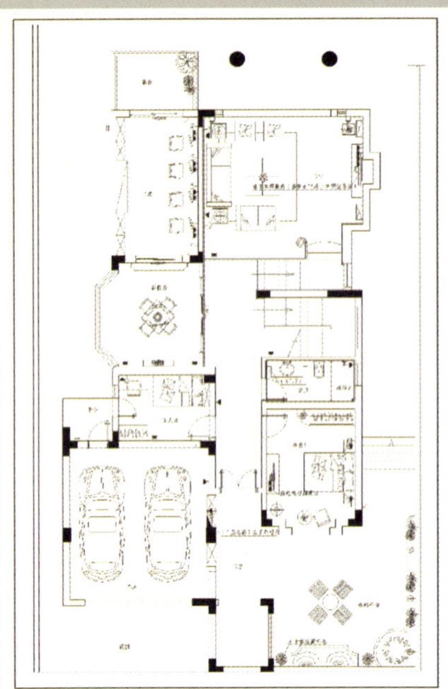

图1.4 住宅空间设计意向图

图1.5 住宅空间设计的草图和效果图1 文健、赵成余

图1.6 住宅空间设计构思草图和效果图2 文健、赵成余

3．方案深化和施工图绘制阶段

通过与业主的沟通，确定好初步方案后，就要对设计方案进行完善和深化，并绘制施工图。施工图包括平面图、天花图、电路图、立面图、剖面图、大样图和材料实样图等。

平面图主要反映的是空间的布局关系、交通的流动路线、家具的基本尺寸、门窗的位置、地面的标高和地面的材料铺设等内容，如图1.7所示。

天花图主要反映吊顶的形式、标高和材料，以及照明线路、灯具和开关的布置，空调系统的出风口和回风口位置等内容，如图1.8所示。

立面图主要反映墙面的长、宽、高的尺度，墙面造型的样式、尺寸、色彩和材料，以及墙面陈设品的形式等内容，如图1.9所示。

剖面图主要反映空间的高低落差关系和家具、造型的纵深结构；大样图主要反映家具和造型的细节结构，是剖面图的有效补充，如图1.10所示。

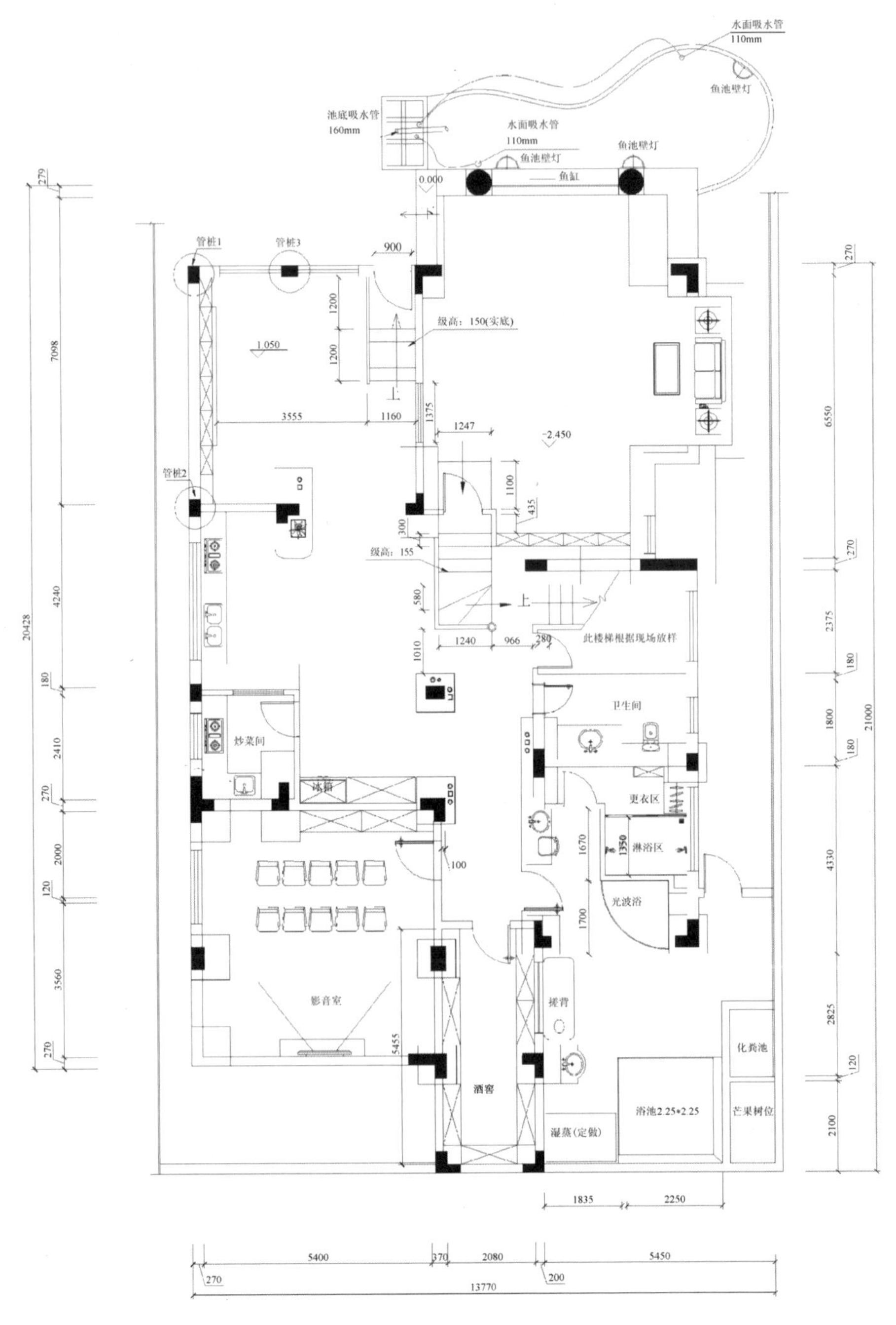

图1.7　住宅空间设计平面图　文健、石树勇

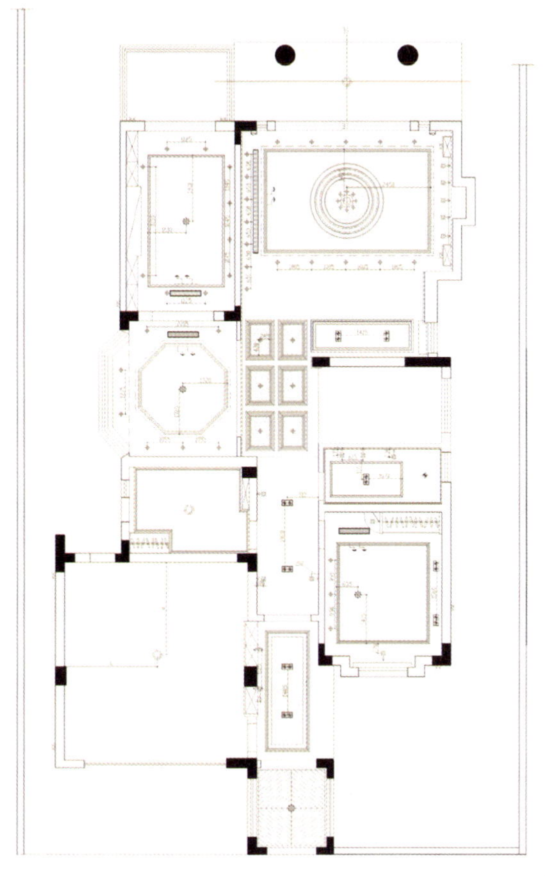

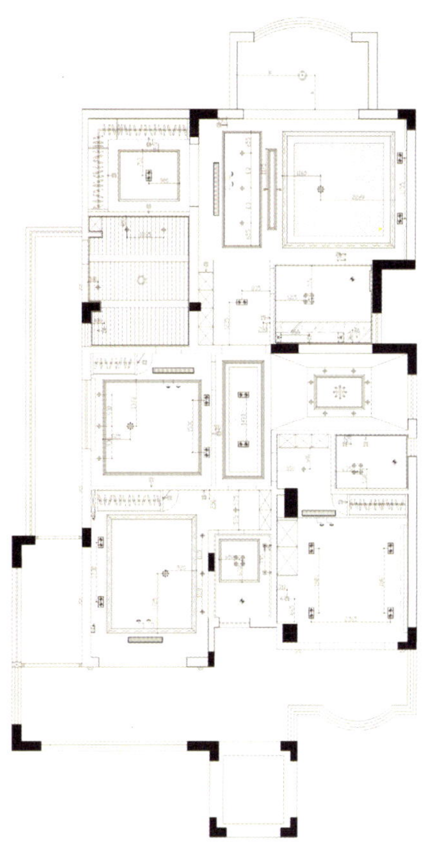

图1.8 住宅空间设计天花图 文健、赵成余

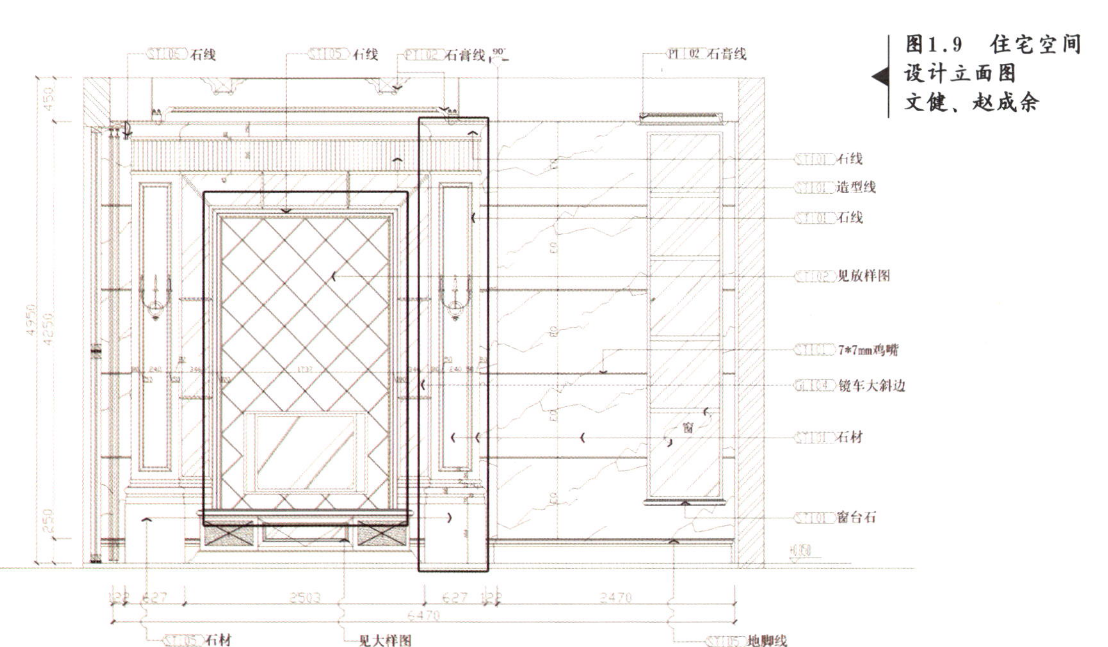

图1.9 住宅空间设计立面图 文健、赵成余

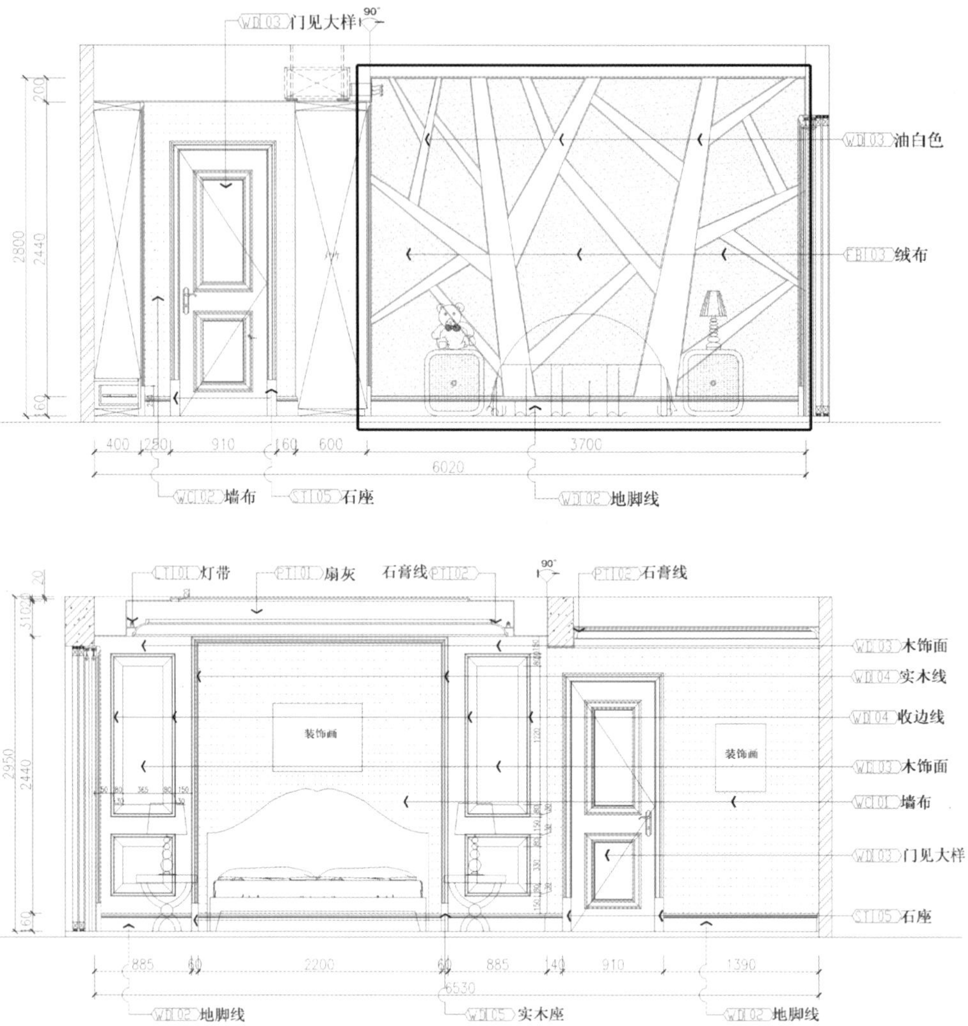

WD03 门见大样
90°
WD03 油白色
FB03 绒布
200
2800
2440
160
400
280
910
160
600
3700
6020
WC02 墙布
ST05 石座
WD02 地脚线
LT01 灯带
PT01 扇灰
石膏线 PT02
90°
PT02 石膏线
WD03 木饰面
WD04 实木线
WD04 收边线
WD03 木饰面
WC01 墙布
WD03 门见大样
ST05 石座
装饰画
装饰画
20
3120
2950
2440
160
885
60
2200
60
885
140
910
1390
6530
WD02 地脚线
WD05 实木座
WD02 地脚线

图1.9　住宅空间设计立面图(续)　文健、赵成余

厚夹板
厚夹板
LT 01 灯带
轻钢龙骨
20
190
120
230
120
350
贴金铂 MT 01
乳胶漆 PT 01
选样 PT 02
乳胶漆 PT 01

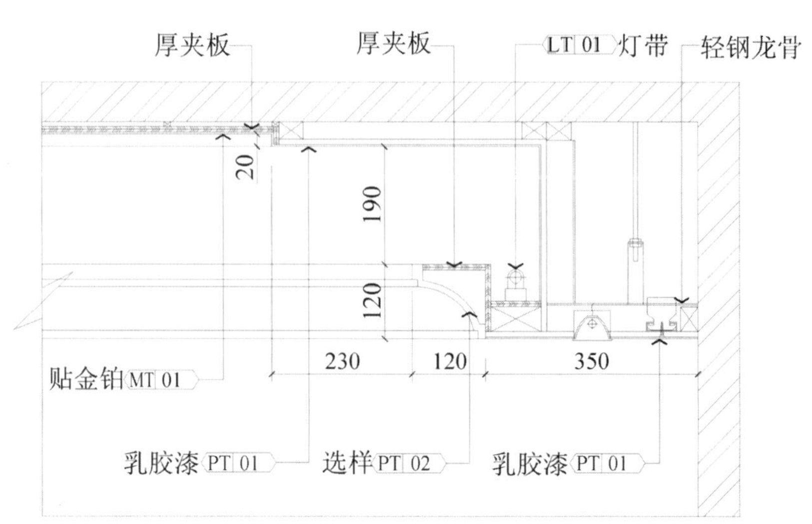

图1.10　住宅空间设计剖面图和大样图
文健、石树勇

主人房天花剖面 1
1:10 比例

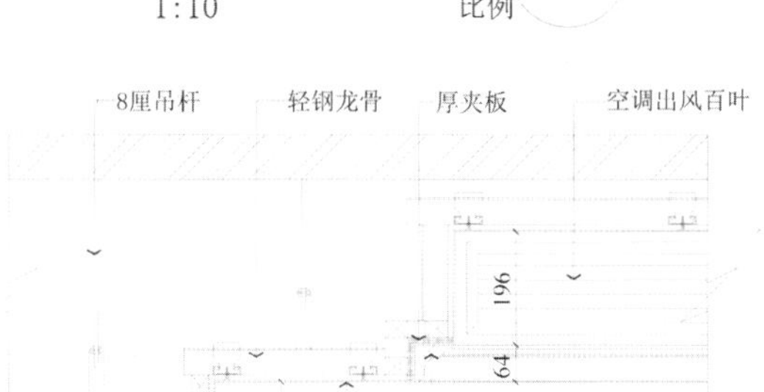

主人房天花剖面 2
1:10 比例

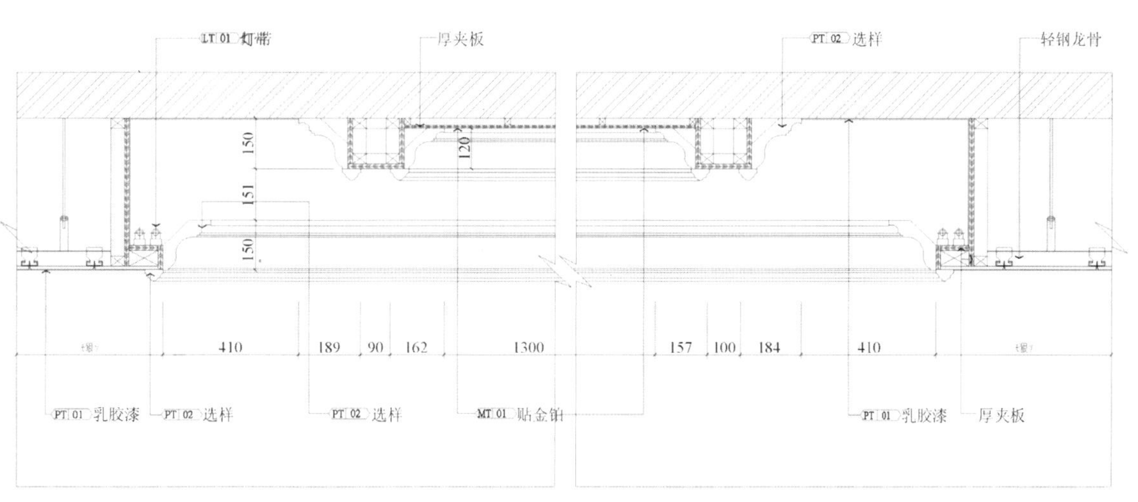

客厅天花大样 01
1:10 比例

图1.10 住宅空间设计剖面图和大样图(续) 文健、石树勇

4. 设计实施阶段

设计实施阶段是设计师通过与施工单位的合作，将设计图纸转化为实际工程效果的过程。在这一阶段设计师应该与施工人员进行广泛的沟通和交流，及时解答现场施工人员所遇到的问题，并进行合理的设计调整和修改，在合同规定的期限内，高质量地完成工程项目。施工现场照片如图1.11所示。

图1.11 住宅空间设计施工现场照片 文健 摄

思考题

1．什么是住宅空间设计？

2．住宅空间设计有哪些特点？

3．住宅空间设计的程序包括哪些？

第二节 住宅空间设计风格

一、住宅空间设计风格的含义

风格即风度品格，它体现了创作中的艺术特色和个性。住宅空间设计的风格是指住宅空间所体现出来的、特定的艺术特性和品格。它蕴涵了人们对居住的要求，展现了不同的历史文化内涵，丰富了人们的生活方式，创新了生活理念，越来越受到人们的关注。

二、住宅空间设计风格的分类

住宅空间设计风格主要分为欧式古典风格、欧式新古典风格、中式风格、现代简约风格、后现代风格、超现实主义风格和新地方主义风格等。

1．欧式古典风格

欧式古典风格住宅空间设计是以欧洲古代经典的建筑装饰设计为依托，将历史上已有的造型样式、装饰图案和室内陈设运用到住宅内部空间的装饰上，营造出精美、奢华、富丽堂皇的室内效果的设计形式。欧式古典造型样式包括古希腊的柱式、古罗马的拱券、壁炉和雕花石膏线条等，在造型设计上讲究对称手法，体现出庄重、大气、典雅的特点。代表性的装饰图案和室内陈设有极富动感和空间感的装饰壁画，带有纹理的、精致的磨光大理石，比例精准、姿态优美的人物雕塑，以卷形草叶和旋涡形曲线为主的装饰墙布，以及以金箔、宝石、水晶和青铜材料并配合精美手工布艺、皮革制作而成的家具、灯饰和陈设等，如图1.12所示。

图1.12　欧式古典风格住宅空间设计

2．欧式新古典风格

欧式新古典风格又称“简欧式风格”，即将古典欧式风格进行简化，并融入休闲、自然的设计元素，混合而成的风格形式。欧式新古典风格住宅空间设计讲究以功能性为主、摒弃烦琐和奢华的装饰元素，简化造型样式，色彩素雅，营造出清新、明快、宁静、舒适的空间氛围，如图1.13所示。

图1.13 欧式新古典风格住宅空间设计

3. 中式风格

中式风格的住宅空间设计以中国传统文化为基础，具有鲜明的民族特色。中国传统风格的建筑以木建筑为主，主要采用梁柱式结构，充分发挥木材的性能。中式风格住宅空间设计以木材为主要装饰材料，家具和门窗也多采用木制品，室内布局匀称、均衡、井然有序，注重与周围环境的和谐、统一。中式风格住宅空间的室内装饰，从结构到装饰图案均表现出端庄的气度和儒雅的风采，家具、字画和陈设的摆放多采用对称的形式和均衡的手法，这种格局是中国传统礼教精神的直接反映。中式风格住宅空间设计常常巧妙地运用隐喻和借景的手法，努力创造一种安宁、和谐、含蓄而清雅的意境，如图1.14和图1.15所示。

图1.14 中式风格建筑小品

图1.15　中式风格住宅空间设计

4．现代简约风格

现代简约主义也称功能主义，是工业社会的产物，起源于1919年成立的包豪斯学派，提倡突破传统，创造革新；重视功能和空间组织，注重发挥结构本身的形式美，造型简洁；崇尚合理的构成工艺；尊重材料的特性，讲究材料自身的质地和色彩的配置效果；强调设计与工业生产的联系。现代简约风格住宅空间设计提倡功能至上，反对过度装饰，主张使用白色、灰色等中性色彩，室内结构空间多采用方形组合，在处理手法上主张流动空间的新概念。同时，还提倡技术与艺术相结合，把合乎目的性、合乎规律性作为艺术的标准，并延伸到空间设计中，主张设计为大众服务。现代简约风格的核心内容是采用简洁的形式达到低造价、低成本的目的，并营造出朴素、纯净、雅致的空间氛围，如图1.16和图1.17所示。

5．后现代风格

后现代主义又称装饰主义和隐喻主义，兴起于20世纪60年代。后现代风格室内设计理论形成的标志是美国建筑师文丘里出版的《建筑的复杂性与矛盾性》一书。书中指出现代主义运动所热衷的简单与逻辑是现代运动的基石，也是一种限制，它将导致乏味和单调。伟大源于复杂和矛盾的形式，文丘里强调要“用非传统的手法组合传统的部件，突破既定的思维模式，对传统进行新的认识，重视设计的精神因素，拓展设计的审美空间”，如图1.18和图1.19所示。

后现代主义风格住宅空间设计的主要特点包括以下几点。

(1) 强调历史文脉及设计师的个性和自我表现力，反对重复前人设计经验，讲究创造；

(2) 强调建筑与室内设计的矛盾性和复杂性，反对设计的简单化和程式化；

(3) 提倡多元化和多样性的设计理念，追求人文精神的融入；

(4) 崇尚隐喻和象征的设计手法，大胆运用装饰色彩。

图1.16 现代简约风格设计大师勒·柯布西耶设计的萨伏伊别墅住宅

图1.17
图1.18

图1.17　现代简约风格住宅空间设计

图1.18　后现代风格住宅空间设计1

图1.19　后现代风格住宅空间设计2

6. 超现实主义风格

超现实主义风格是指在住宅空间设计中营造一种超越现实的、充满离奇梦幻的场景的风格形式。超现实主义的宗旨是离开现实，返回原始，否认理性的作用，强调人们的下意识或无意识活动。法国的主观唯心主义哲学家柏格林的“直觉主义”与奥地利精神病理家弗洛伊德的“下意识”学说奠定了超现实主义的哲学和理论基础。超现实主义致力于探索人类经验的先验层面，力求突破合乎逻辑与真实的现实观，尝试将现实观念与本能、潜意识与梦的经验相糅合，以展现一种绝对的或超然的真实情景。超现实主义认为一切固有的确定性，所有的既定界限、概念和范畴都应该被颠覆和推翻，主张以创新思想来解析和重组各种理论，强调不受历史文化和传统理性的约束，追求创新的设计理念，力求在有限的空间中制造出一种无限的空间感觉，创造“世界上不存在的世界”，甚至追求一种太空感和未来主义倾向。其主要特点包括以下几点。

(1) 强调设计的个性，无中心，无约束，无绝对权威；

(2) 设计奇形怪状的令人难以琢磨的内部空间形式和家具、设施；

(3) 运用分解、叠加和重组等设计手法创造新的样式，喜爱抽象和不和谐的形态；

(4) 强调设计的无秩序性，追求设计的多元化和非统一化，超现实主义风格住宅空间设计如图1.20和图1.21所示。

图1.20　超现实主义风格住宅空间设计

图1.21　建筑师扎哈·哈迪德设计的超现实主义风格住宅空间

7．新地方主义风格

新地方主义风格是指在住宅空间设计中强调地方特色和民俗风格，提倡因地制宜的乡土味和民族化的风格形式。新地方主义风格倡导回归自然的设计手法，推崇自然与现代相结合的设计理念。住宅室内多采用当地的原木、石材、板岩和藤制品等天然材料，色彩多为纯正天然的色彩，如矿物质的颜色。材料的质地较粗，并有明显、纯正的肌理纹路，空间开敞通透，并强调自然光的引进，整体空间效果呈现出清新、淡雅的氛围。

新地方主义风格主要特点包括以下几点。

(1) 由于地域的差异，没有严格的一成不变的规则和设计模式，自由度较大，以反映某个地区的艺术特色为主；

(2) 设计中尽量使用地方材料和做法；

(3) 注重与当地风土环境的融合，从传统建筑和民居中汲取营养。

新地方主义风格住宅空间如图1.22～图1.24所示。

图1.22　新地方主义风格住宅空间1

图1.23　新地方主义风格住宅空间2

图1.23 新地方主义风格住宅空间2(续)

图1.24　新地方主义风格住宅空间3

思考题

1．住宅空间设计主要有哪些风格？
2．欧式古典风格住宅空间设计有哪些特点？
3．现代简约风格住宅空间设计有哪些特点？
4．新地方主义风格住宅空间设计有哪些特点？

第二章　住宅空间设计的语言

语言是人类交流和传达意义的最主要形式，住宅空间设计的语言是指为阐释住宅空间设计的理念和思维而进行的形式创造。

第一节　住宅空间设计的平面功能分析

住宅空间平面布局设计是根据不同的功能需求，以及住宅空间的类型、使用性质和实用机能，采用一定的设计手法进行的空间再创造活动。住宅空间设计的平面功能关系主要体现在平面图上，是以空间设计功能为中心，形成住宅室内所有部分的统一设计。通过住宅空间中人、设施、环境的相互关系对空间布局，各空间之间的相互联系，室内交通流向，室内环境风向等方面进行综合判断和选择。

一、住宅空间中人、设施、环境的相互关系

住宅空间平面布局是综合艺术的整合协调，强调关系学与整体把握。住宅平面布局设计中人、设施、环境的相关性就强调了人与空间、人与物、空间与空间、物与空间、物与物之间的相互关系，如图2.1所示。

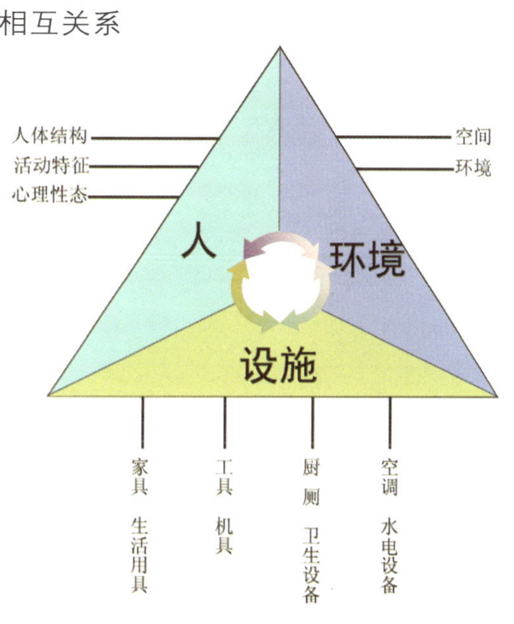

图2.1　住宅空间中人、设施、环境的相互关系

人：是住宅环境中的主体。设计“以人为本”，在住宅功能布局中人的地位占主导，必须根据人体结构、活动特征和心理性态进行空间布局设计。

设施：是指住宅中的家具、生活用具、工具、机具、卫生设备、水电设备等。住宅中的设施是人生活运作的器具，住宅中人与设施关系处理的好坏直接影响

到人的心情和工作效率。

环境：是指民用建筑住宅中各类型空间和各种功能空间经过设计师装饰美化之后所达到的环境效果。

人、设施、环境三者相辅相成，是住宅空间平面布局、功能分析时首要考虑的因素。

二、住宅空间平面功能分析

住宅空间的平面布局重在内部各个功能空间之间科学合理的逻辑关系，强调关系学与整体把握。生活在空间里的人每天根据自己的不同需要而穿梭于各个空间，因此空间的划分必须强调以人为主体、强调人的参与和体验性，如图2.2所示。

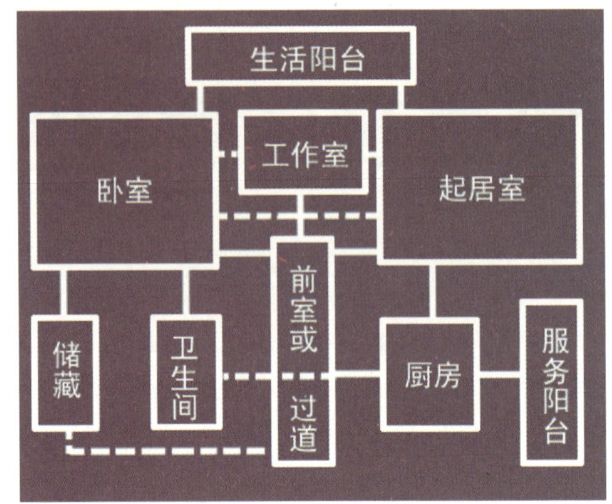

图2.2　住宅空间平面功能分析1

(1) 住宅空间按功能性可划分为以下几种空间，如图2.3所示。

① 接待、会客空间：起居室、餐厅；

② 休息空间：卧室、客房、小孩房；

③ 学习、休闲空间：书房、娱乐室、阳台、入户花园；

④ 生活基本设施空间：厨房、洗衣房、杂物间；

⑤ 交通空间：玄关、走廊、楼梯；

⑥ 生理卫生空间：卫生间、浴室。

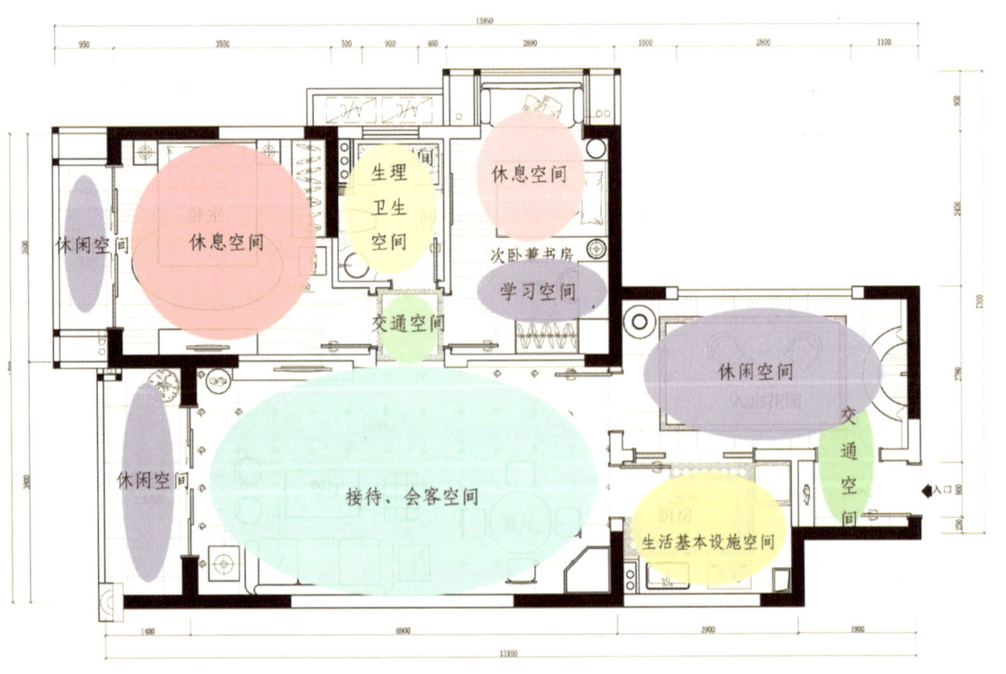

图2.3　住宅空间平面功能分析2

(2) 住宅空间按空间特性可划分为以下几种空间，如图2.4所示。

① 公共空间：客厅、餐厅、厨房、娱乐室、浴厕、洗衣房、杂物间；

② 私密空间：主卧室、儿童房、老人房、书房；

③ 交通空间：门厅、走廊、楼道。

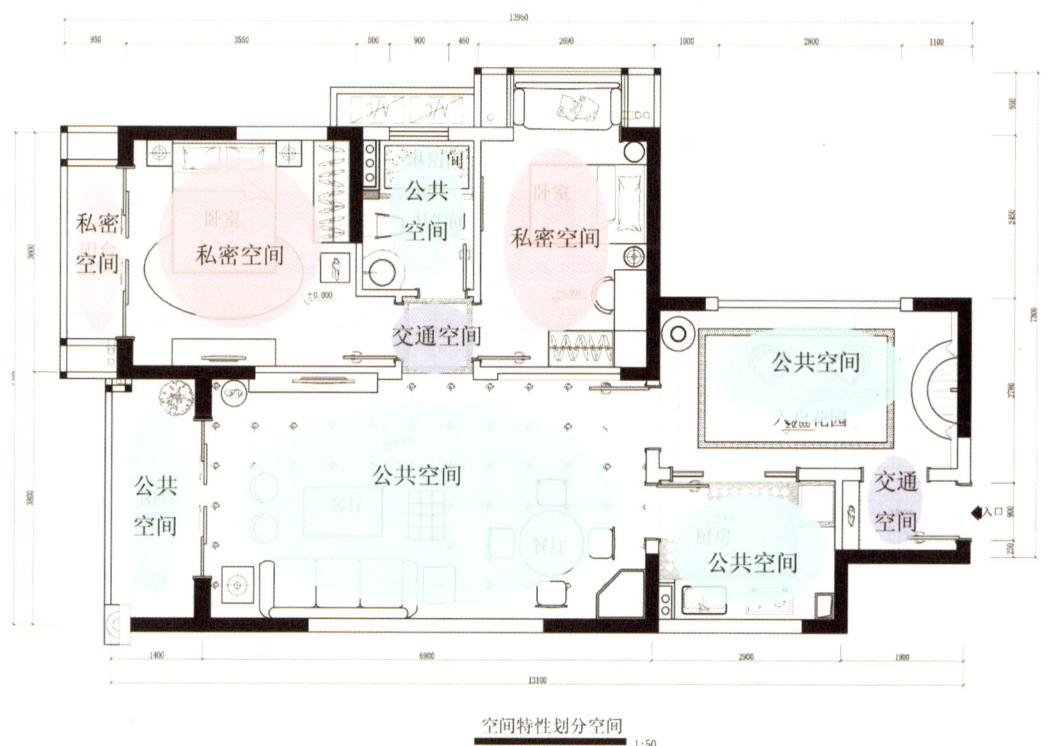

图2.4　住宅空间平面功能分析3

三、住宅空间活动动线分析

空间活动动线是指人们在室内空间的活动路线，它是根据人的行为方式把一定的空间组织起来，通过流线设计分割空间，从而达到划分不同功能区域的目的。住宅室内空间活动动线组织的合理性将直接关系到各个空间之间的功能组合关系。住宅室内空间活动动线组织应该遵循动静隔离、空间流通通畅的基本原则。

(1) 人在住宅空间中的动线基本规律，如图2.5所示。

(2) 住宅空间中客厅处于居室的中心，从功能上来说是核心区域，是人流聚集之处。客厅联系着户内的过厅、过道以及各个房间，如果功能区域划分不当，就会造成人流的流动路线在区域间过多地交叉，破坏整个空间的完整性和安定性。布置科学、合理的人流活动动线的方法有以下两种。

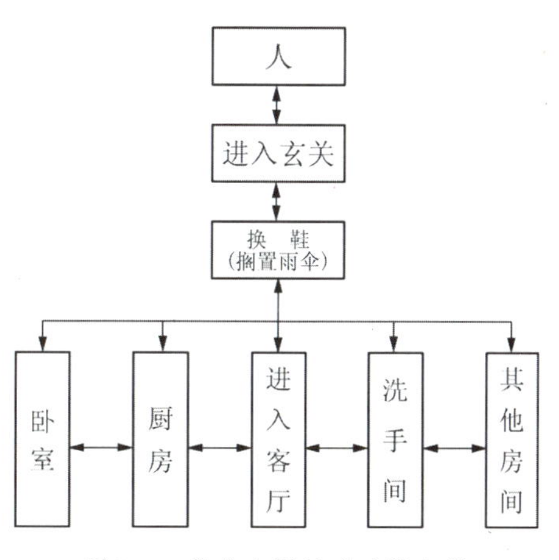

图2.5　住宅空间活动动线分析

① 对原有建筑布局进行适当调整，如对空间中功能设置有利的非承重墙体进行拆除或增加；

② 利用家具布置来巧妙地围合、分隔空间。

住宅活动动静分析如图2.6所示。

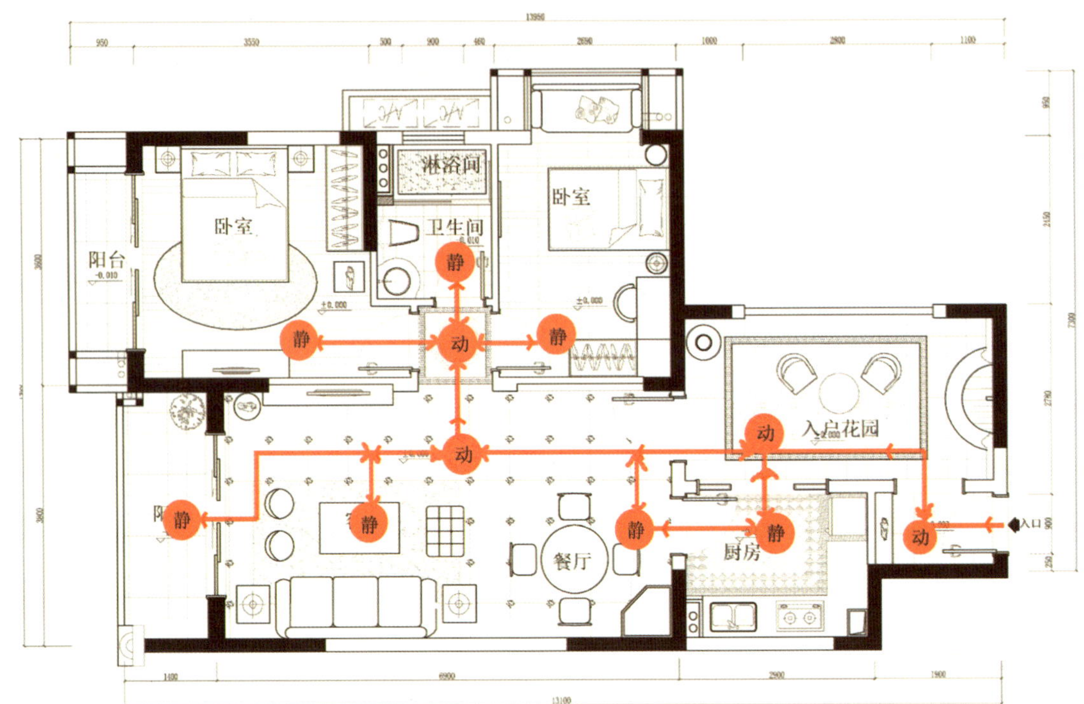

图2.6 住宅活动动静分析

四、住宅空间通风分析

住宅空间的通风是指住宅室内外空气的互换，即用室外新鲜空气来更新室内污浊空气，改善室内空气质量。在普通住宅室内，每人每小时需要新风量约为 30 m^3。多数住宅空间有许多进气和出气的渠道，如门、窗户和电线出入口等。开门、窗通风换气可以始终保持室内具有良好的空气品质，是改善住宅室内空气质量的关键。自然通风的好坏与门窗、室内空间通道的空气对流畅通程度有关，如图2.7~图2.9所示。

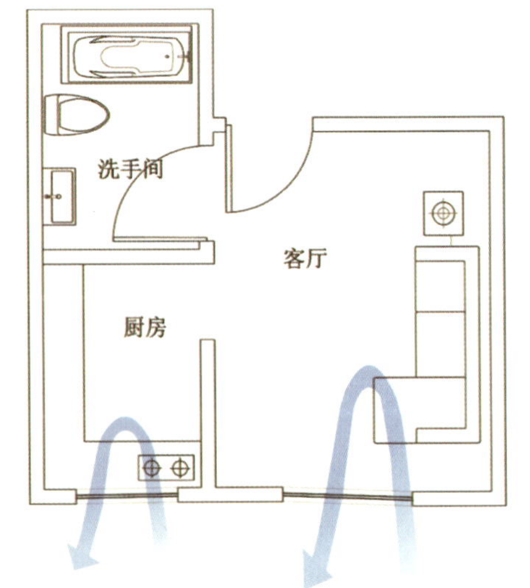

图2.7 单朝向户型通风分析

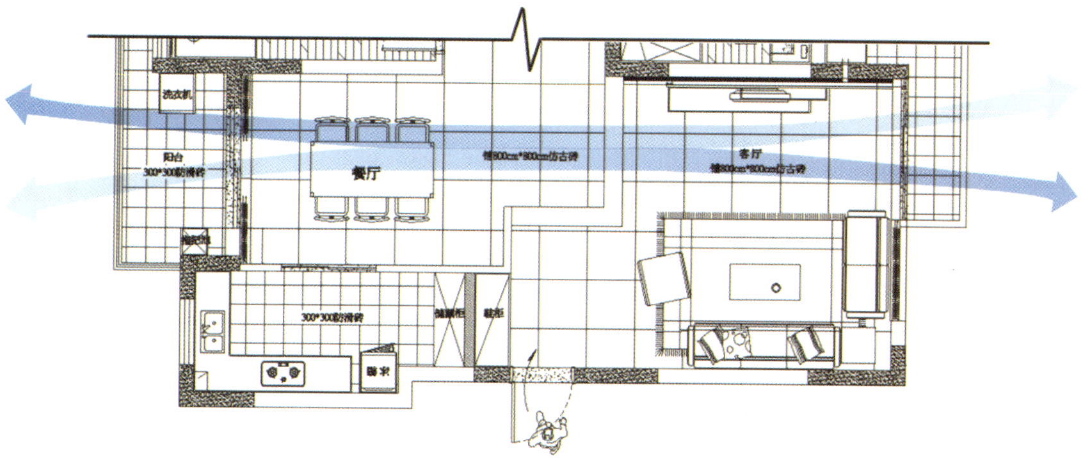

图2.8　双朝向户型通风分析

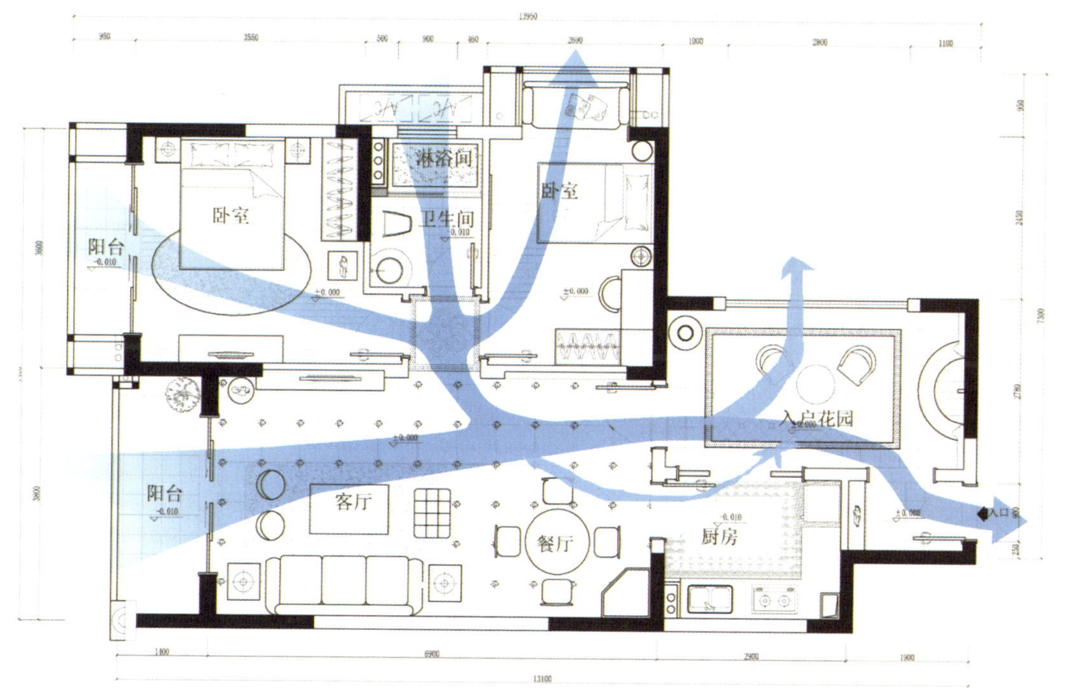

图2.9　不同朝向户型通风分析

五、住宅空间生态设计理念

生态设计是指建筑及室内装饰对环境无害，能充分利用环境自然资源，并且在不破坏环境基本生态平衡条件下营造更和谐的人与自然关系的设计。它反映了一种新的美学观和价值观：人与自然的真正的合作与友爱关系。

生态化住宅空间设计讲究平面布局合理，充分利用自然通风和自然光源，减少人工照明，减少空调等高耗能电器的使用，从而达到节约能源、创造低碳生活的目的。生态化住宅空间设计是以人、建筑、室内、自然环境的协调发展为目标，在利用天然条件和人工手段创造良好、健康的居住环境的同时，尽可能地控制和减少对自然环境的使用和破坏，体现融入自然的设计理念。因此，生态化设计现已成为住宅空间设计新的发展趋势。

六、优秀住宅空间平面图欣赏

优秀住宅空间平面图如图2.10~图2.19所示。

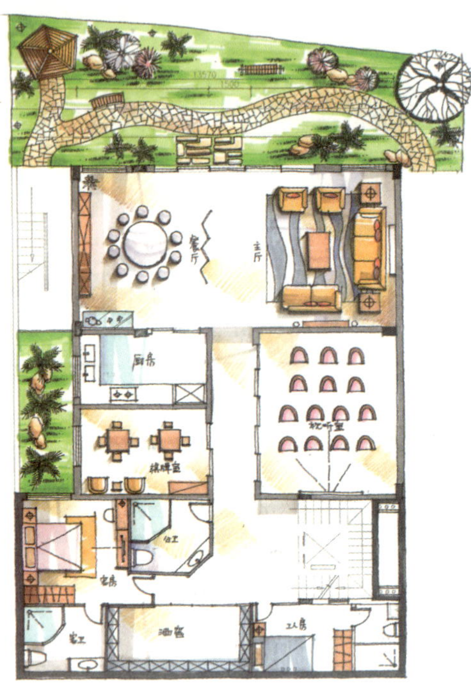

图2.10　住宅空间平面布置图1　文健

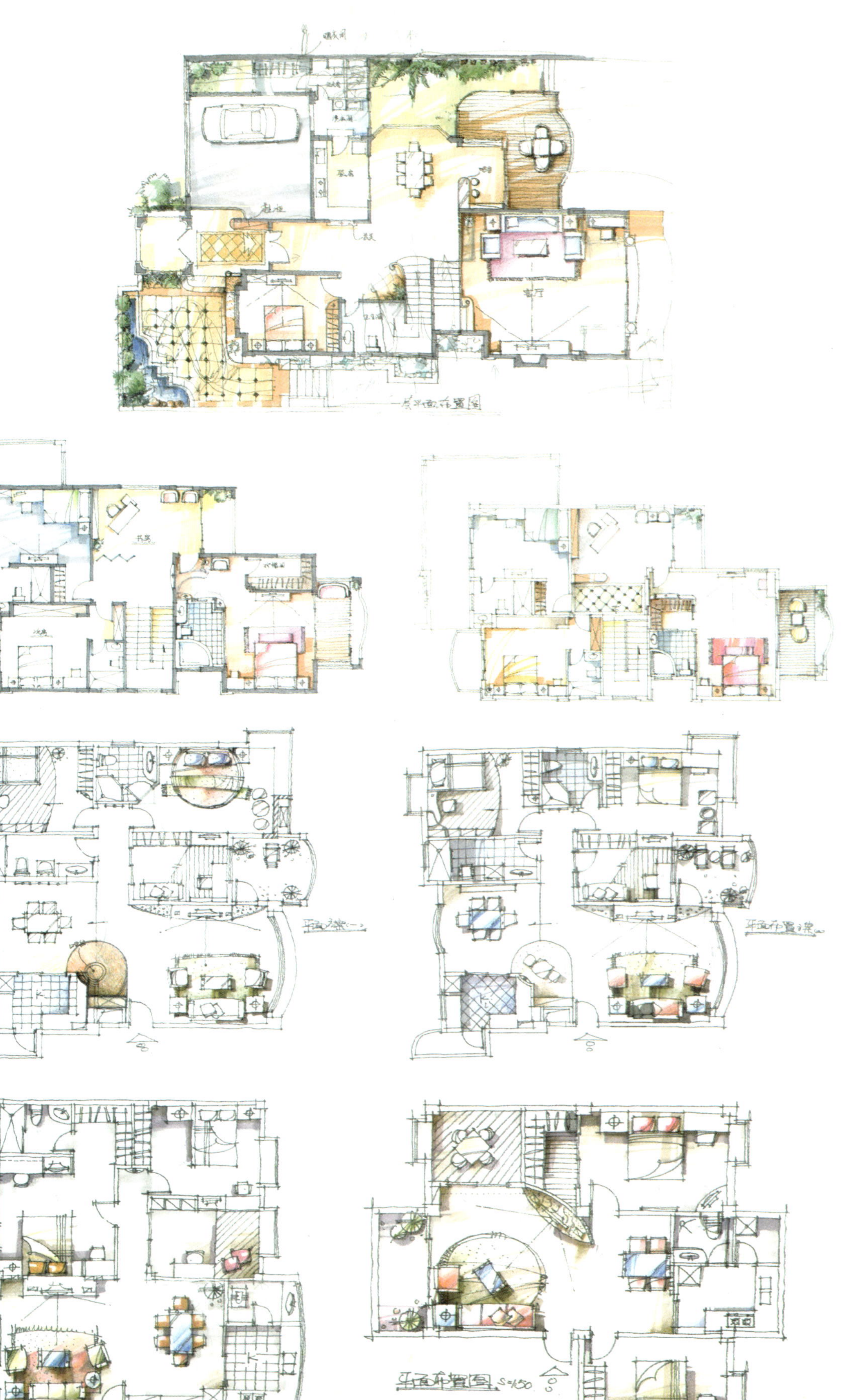

图2.11 住宅空间平面布置图2 邹华

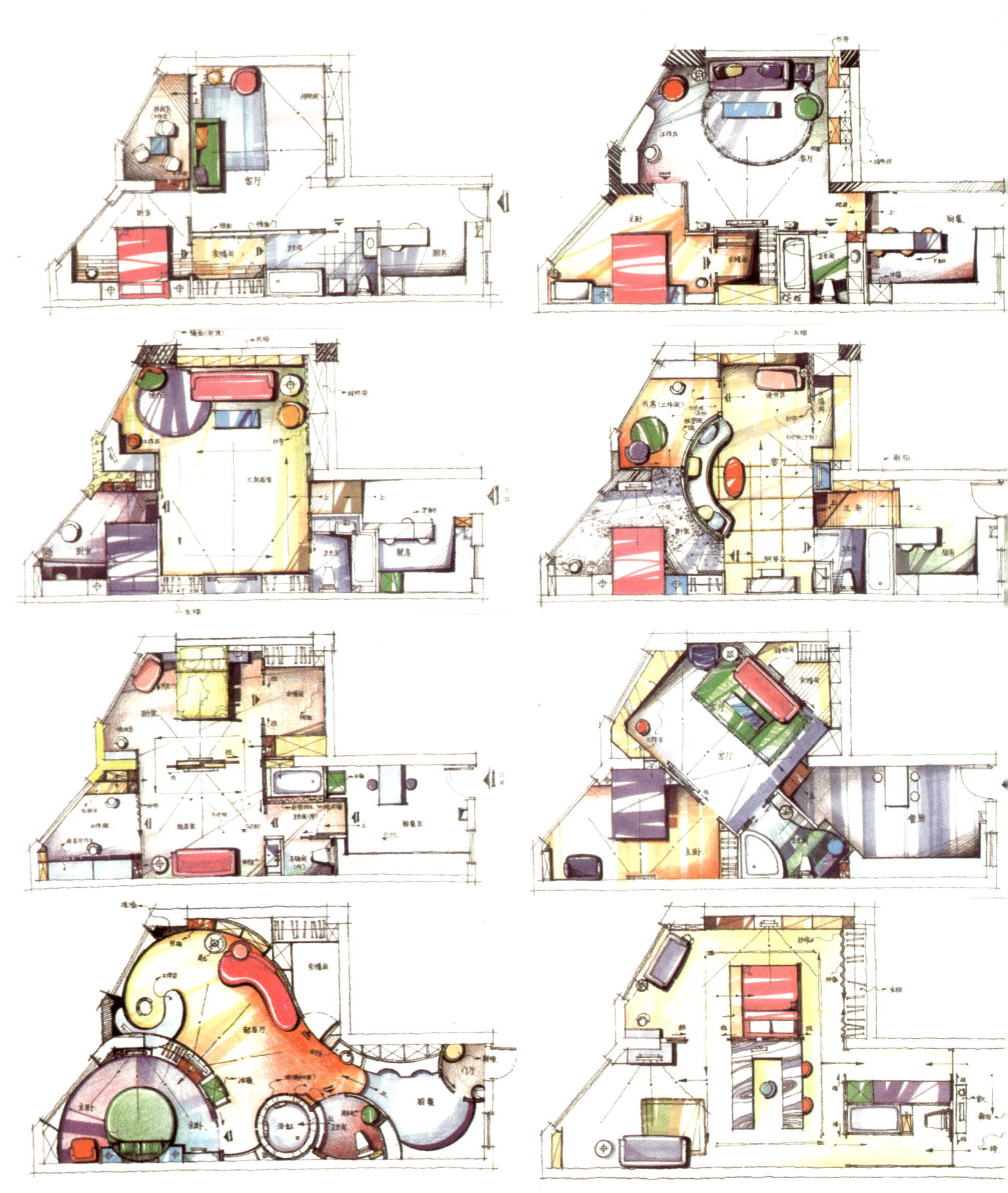

图2.12 住宅空间平面布置图3 郑孝东

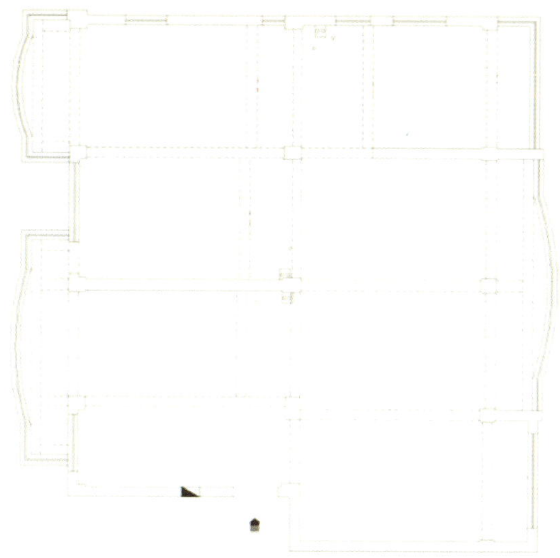

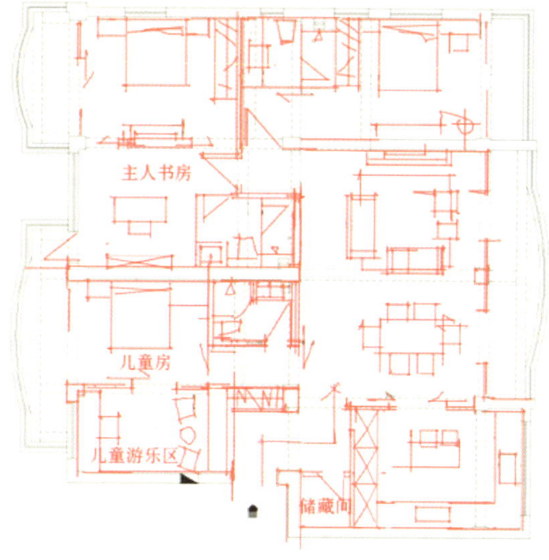

户型处理：

1. 餐厅、客厅处理一体化，大气贯通
2. 豪华操作厨房
3. 功能齐全的卧房
4. 方正房型，流线自然

图2.13 住宅空间平面布置图4

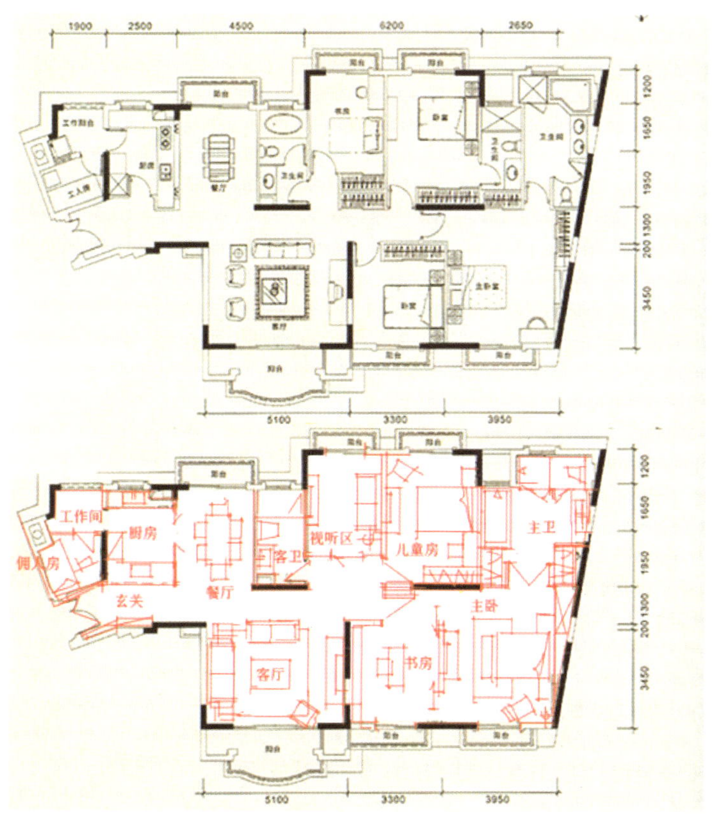

户型难点：

1. 玄关处理，入户厨房
2. 客厅、餐厅位置
3. 卧室零碎

户型调整：

1. 更改厨房门洞，还原完整玄关
2. 客厅家具摆放调整
3. 卧室入口制造私密空间
4. 设置娱乐休闲区(视听区
5. 主卧设置套型书房，完善更衣间及浴室

图2.14 住宅空间平面布置图5

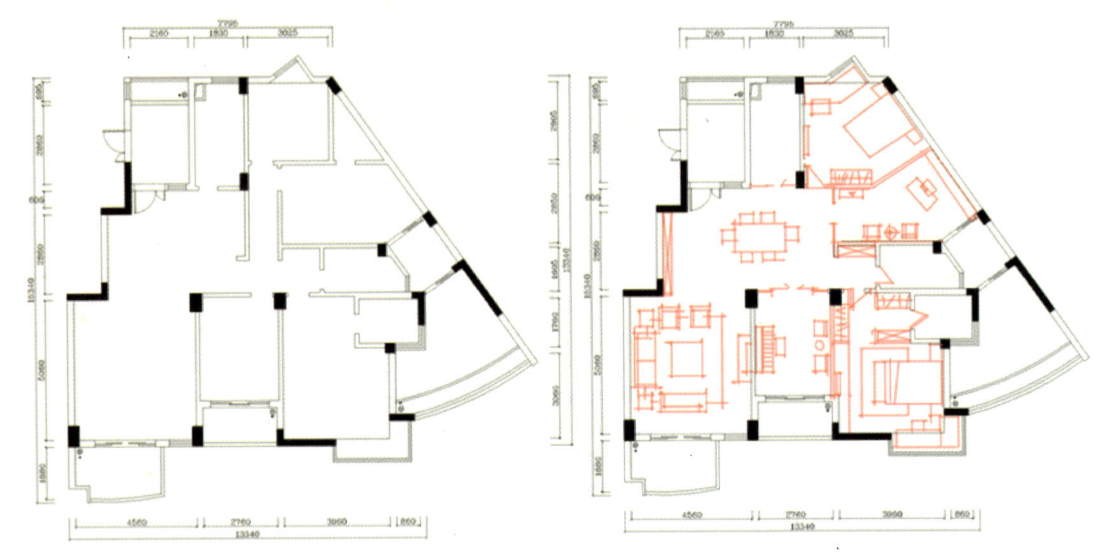

图2.15　住宅空间平面布置图6

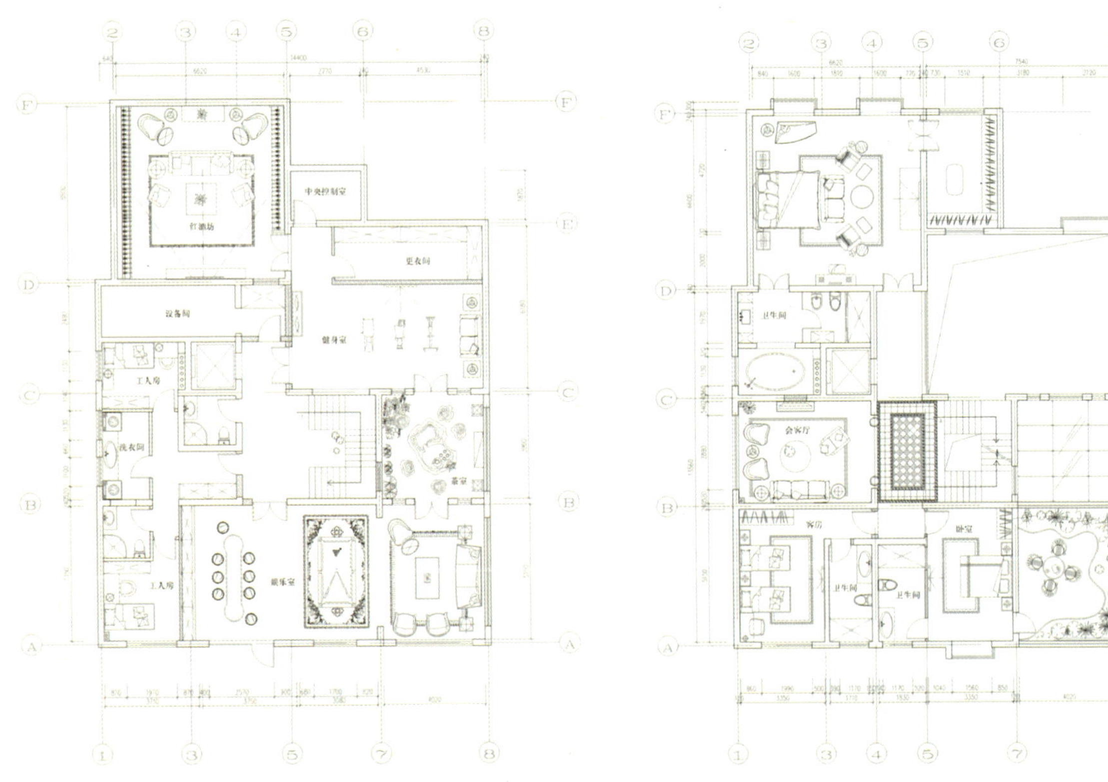

地下一层平面布置图　　　　二层平面布置图

图2.16　住宅空间平面布置图7

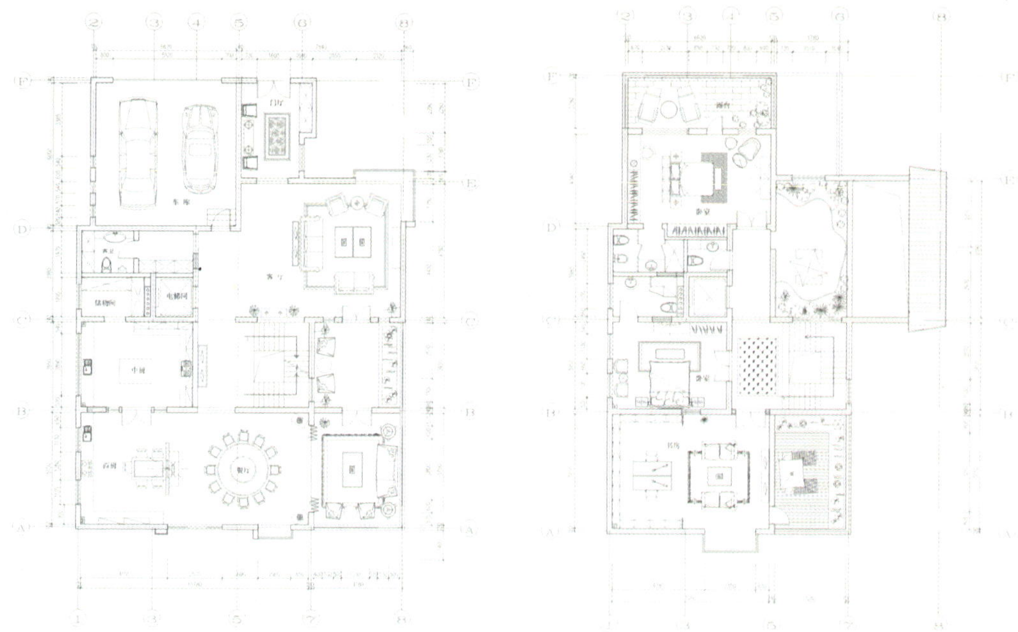

一层平面布置图　　　　三层平面布置图

图2.16　住宅空间平面布置图7(续)

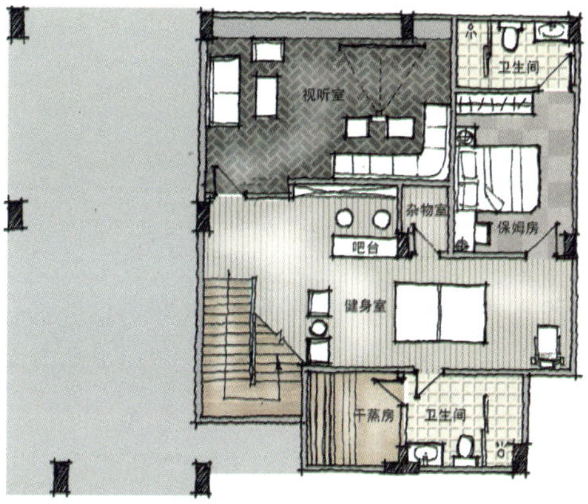

负一层平面布置图 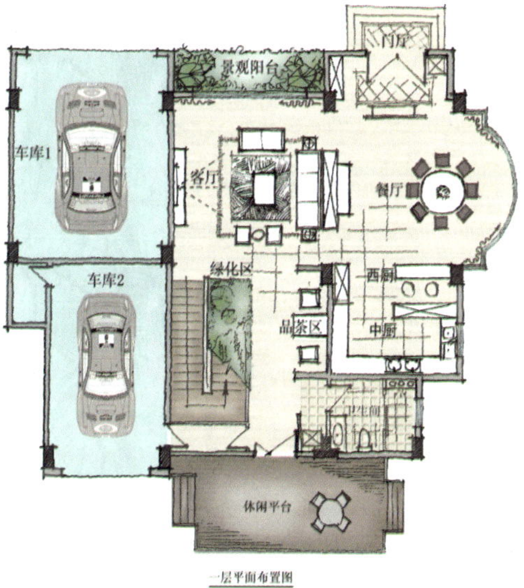　　一层平面布置图

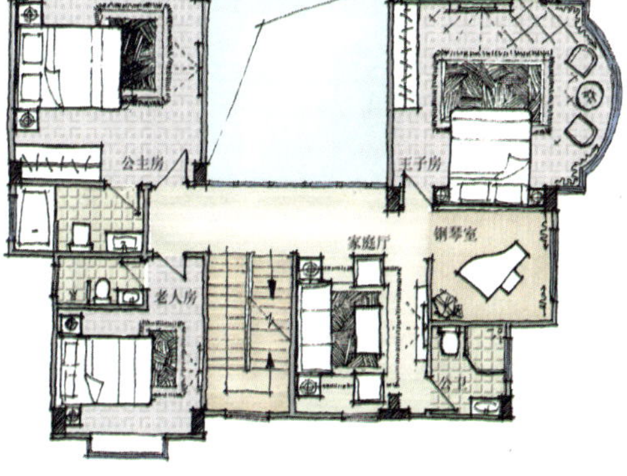

二层平面布置图 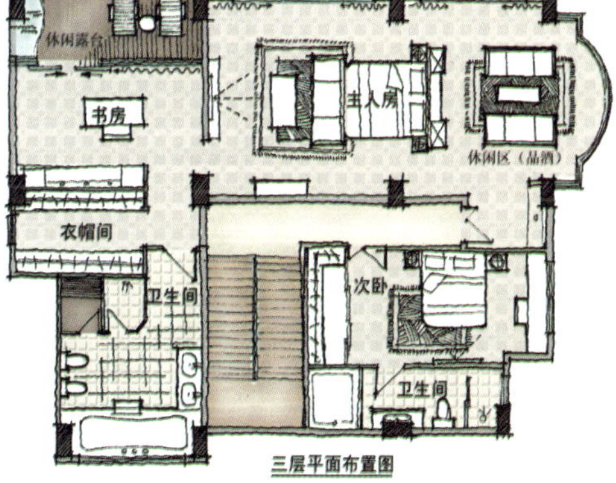　　三层平面布置图

图2.17　住宅空间平面布置图8

图2.18 住宅空间平面布置图9

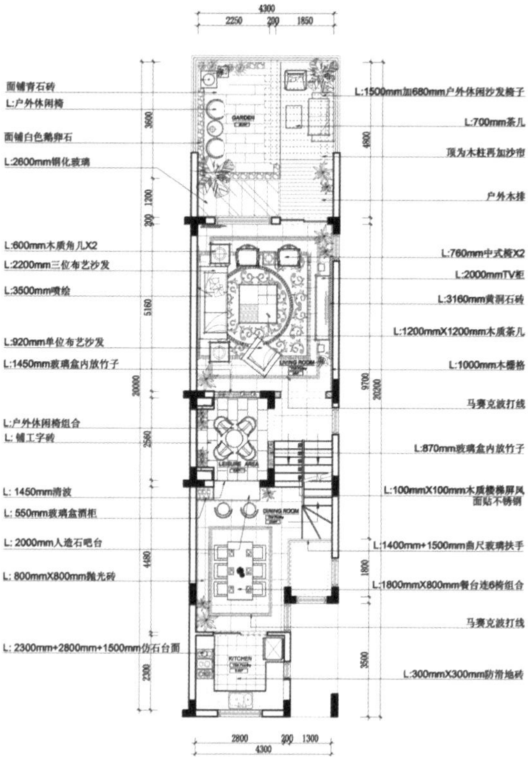

面铺青石砖
L:户外休闲椅
面铺白色鹅卵石
L:2600mm钢化玻璃
L:600mm木质角几X2
L:2200mm三位布艺沙发
L:3500mm喷绘
L:920mm单位布艺沙发
L:1450mm玻璃盒内放竹子
L:户外休闲椅组合
L: 铺工字砖
L: 1450mm清波
L: 550mm玻璃盒酒柜
L: 2000mm人造石吧台
L: 800mmX800mm抛光砖
L: 2300mm+2800mm+1500mm仿石台面
L:1500mm加680mm户外休闲沙发椅子
L:700mm茶几
顶为木柱再加沙帘
户外木排
L:760mm中式椅X2
L:2000mmTV柜
L:3160mm黄洞石砖
L:1200mmX1200mm木质茶几
L:1000mm木栅格
马赛克波打线
L:870mm玻璃盒内放竹子
L:100mmX100mm木质楼梯屏风
面贴不锈钢
L:1400mm+1500mm曲尺玻璃扶手
L:1800mmX800mm餐台连6椅组合
马赛克波打线
L:300mmX300mm防滑地砖
GARDEN
LIVING ROOM
LEISURE AREA
DINING ROOM
KITCHEN
4300
2250
200
1850
2800
1300
一层平面布置图1：75

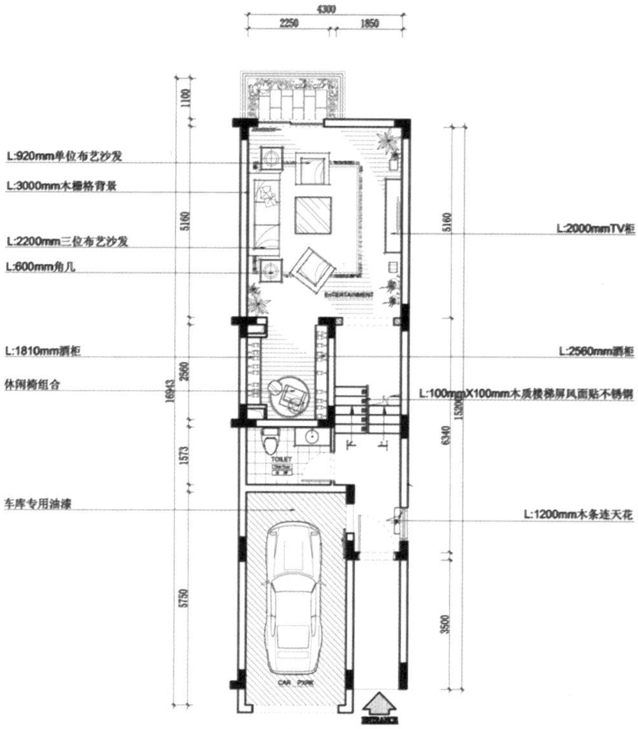

L:920mm单位布艺沙发
L:3000mm木栅格背景
L:2200mm三位布艺沙发
L:600mm角几
L:1810mm酒柜
休闲椅组合
车库专用油漆
L:2000mmTV柜
L:2560mm酒柜
L:100mmX100mm木质楼梯屏风面贴不锈钢
L:1200mm木条造天花
ENTERTAINMENT
TOILET
CAR PARK
4300
2250
1850
2800
1300
地下车库及娱乐房平面布置图1：75

户外休闲椅组合
:500mm床头柜(共2个)
:1500mmX2000mm双人套床
:1100mm床榻
:新造2350窗台面铺软包坐垫
:300mmX600mm防滑地砖
:500mm床头柜(共2个)
:1500mmX2000mm双人套床
外休闲椅组合
L:1100mm电脑书台
L:1800mm趟门储物衣柜
马赛克波打线
L:100mmX100mm木质楼梯屏风
面贴不锈钢
L: 800mmX800抛光砖
L:1650mm多用途书柜
L:1000mm电脑书台
L:525mm高身镜
L:800mm梳妆台
L:2600mm+1300mm无门衣柜
BALCONY
SON ROOM
CORRIDOR
TOILET
STUDYROOM
DAUGHTER ROOM
WALK IN CLOSET
BALCONY
4300
2250
1850
1550
1070
1300
二层平面布置图1：75

户外休闲椅组合
户外木排
L:500mm床头柜(共2个)
L:2000mmX2000mm双人套床
L:1400mm床榻
L:2000mm喷绘床头背景
L:1500mm加680mm户外休闲沙发椅子
顶配纱帘
L:700mm茶几
800mmX800mm抛光砖
L:100mmX100mm木质楼梯屏风
面贴不锈钢
休闲椅组合
抬高300mm内藏灯管
地面铺地毯
旋转楼梯
BALCONY
CORRIDOR
MASTER ROOM
TOILET
LEISURE AREA
4300
2220
1880
2200
2000
三层平面布置图1：75

图2.19　住宅空间平面布置图10

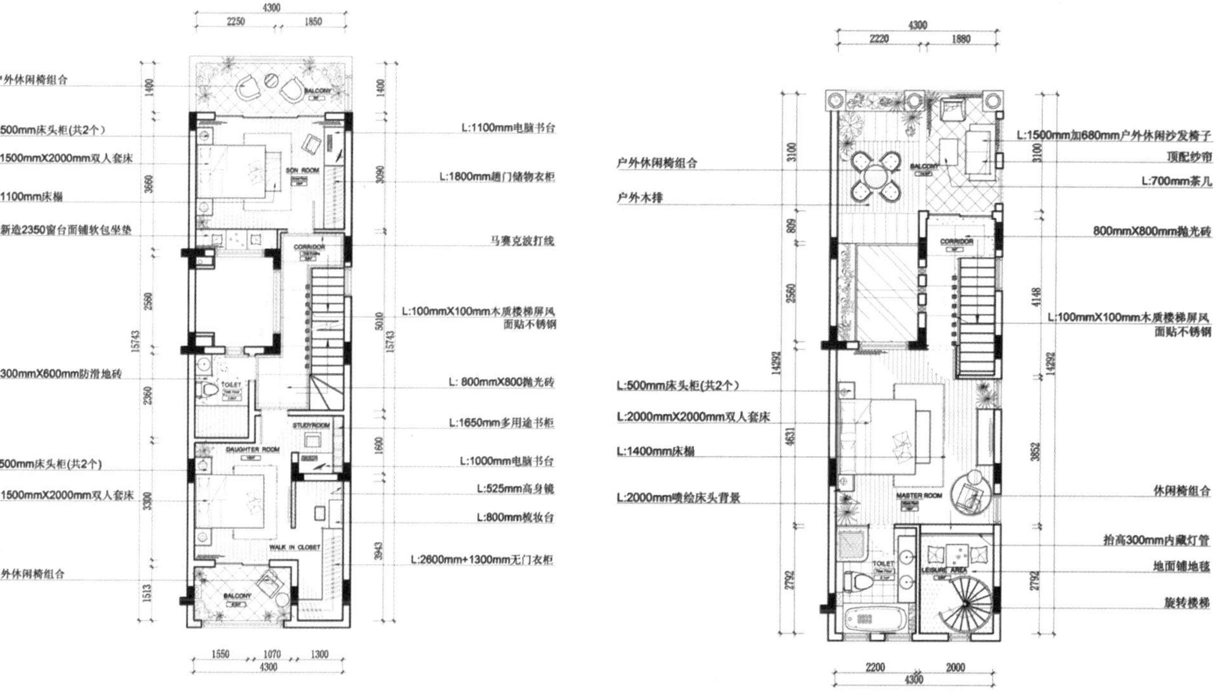

思考题

1. 如何理解住宅空间中人、设施、环境的相互关系？
2. 练习2幅住宅空间的平面布局。

第二节　住宅空间的类型

住宅空间的类型是根据建筑空间的内在和外在特征来进行区分的，整体上可以划分为内部空间和外部空间两大类，具体来讲可以划分为以下几个类型。

一、开敞空间与封闭空间

开敞空间是一种建筑内部与外部联系较紧密的空间类型。其主要特点是墙体面积少，采用大开洞和大玻璃门窗的形式，强调空间环境的交流，室内与室外景观相互渗透，讲究对景和借景。在空间性格上，开敞空间是外向型的，限制性与私密性较小，收纳性与开放性较强，如图2.20所示。

图2.20　开敞空间

封闭空间是一种建筑内部与外部联系较少的空间类型。在空间性格上，封闭空间是内向型的，体现出静止、凝滞的效果，具有领域感和安全感，私密性较强，有利于隔绝外来的各种干扰。为防止封闭空间的单调感和沉闷感，室内可以采用设置镜面增强反射效果，使用灯光造型设计和人造景窗等手法来处理空间界面，如图2.21所示。

图2.21　封闭空间

二、静态空间与动态空间

静态空间是一种空间形式非常稳定、静止的空间类型。其主要特点是空间较封闭，限定度较高，私密性较强，构成比较单一，多采用对称、均衡和协调等表现形式，色彩素雅，造型简洁，如图2.22所示。

图2.22 静态空间

动态空间是一种空间形式非常活泼、灵动的空间类型。其主要特点是空间呈现出多变性和多样性，动感较强，有节奏感和韵律感，空间形式较开放，多采用曲线和曲面等表现形式，色彩明亮、艳丽。营造动态空间可以通过以下几种手法。

(1) 利用自然景观，如喷泉、瀑布和流水等；

(2) 利用各种物质技术手段，如旋转楼梯、自动扶梯和升降平台等；

(3) 利用动感较强、光怪陆离的灯光；

(4) 利用生动的背景音乐；

(5) 利用文字的联想。

动态空间如图2.23和图2.24所示。

图2.23　动态空间1

图2.24　动态空间2

三、虚拟空间

虚拟空间是一种无明显界面，但又有一定限定范围的空间类型。它是在已经界定的空间内，通过界面的局部变化而再次限定的空间形式，即将一个大空间分隔成许多小空间。其主要特点是空间界定性不强，可以满足一个空间内的多种功能需求，并创造出某种虚拟的空间效果。虚拟空间多采用列柱隔断，水体分隔，家具陈设和绿化隔断以及色彩、材质分隔等形式对空间进行界定和再划分，如图2.25所示。

图2.25 虚拟空间

四、下沉式空间与地台空间

下沉式空间是一种领域感、层次感和围护感较强的空间类型。它是将室内地面局部下沉，在统一的空间内产生一个界限明确，富有层次变化的独立空间。其主要特点是空间界定性较强，有一定的围护效果，给人以安全感，中心突出，主次分明，如图2.26所示。

图2.26　下沉式空间

地台空间是将室内地面局部抬高，使其与周围空间相比变得醒目与突出的一种空间类型。其主要特点是方位感较强，有升腾、崇高的感觉，层次丰富，中心突出，主次分明，如图2.27所示。

图2.27　地台空间

五、凹入空间与外凸空间

凹入空间是指将室内墙面局部凹入，形成墙面进深层次的一种空间类型。其主要特点是私密性和领域感较强，有一定的围护效果，可以极大地丰富墙面装饰效果。其中，凹入式壁龛是室内界面设计中用于处理墙面效果常见的设计手法，它使墙面的层次更加丰富，视觉中心更加明确。此外，在室内天花的处理上也常采用凹入式手法来丰富空间层次，如图2.28所示。

图2.28 凹入空间

外凸空间是指将室内墙面的局部凸出，形成墙面进深层次的一种空间类型。其主要特点是外凸部分视野较开阔，领域感强。现代居室设计中常见的飘窗就是外凸空间的一种，它使室内与室外景观更好地融合在一起，采光也更加充足，如图2.29所示。

图2.29 外凸空间

六、结构空间与交错空间

结构空间是一种通过对建筑构件进行暴露来表现结构美感的空间类型。其主要特点是现代感、科技感较强，整体空间效果较质朴，如图2.30所示。

图2.30 结构空间

交错空间是一种具有流动效果，相互渗透，穿插交错的空间类型。其主要特点是空间层次变化较大，节奏感和韵律感较强，有活力，有趣味，如图2.31所示。

图2.31 交错空间

思考题

1．什么是开敞空间？

2．营造动态空间有哪几种手法？

3．什么是虚拟空间？

第三节　住宅空间设计的造型要素

在住宅空间设计中，空间的效果由各种要素组成，这些要素包括色彩、照明、造型、图案和材质等。造型是其中最重要的一个环节，由点、线、面三个基本要素构成。

一、点

点在概念上是指只有位置而没有大小，没有长、宽、高和方向性，静态的形。空间中较小的形都可以称为点。点在空间设计中有非常突出的作用。单独的点具有强烈的聚焦作用，可以成为室内的中心；对称排列的点给人以均衡感；连续的、重复的点给人以节奏感和韵律感；不规则排列的点给人以方向感和方位感。

点在空间中无处不在，一盏灯、一盆花或一张沙发，都可以看作是一个点。点既可以是一件工艺品，宁静地摆放在室内；也可以是闪烁的烛光，给室内带来韵律和动感。点可以增加空间层次，活跃室内气氛，如图2.32所示。

图2.32　点在住宅空间中的应用

二、线

线是点移动的轨迹，点连接形成线。线具有生长性、运动性和方向性。线有长短、宽窄和直曲之分，在室内空间环境中，凡长度方向较宽度方向大得多的构件都可以被视为线，如室内的梁、柱、管道等。常见的线的分类如下。

1. 直线

直线具有男性的特征，刚直挺拔，力度感较强。直线分为水平线、垂直线和斜线。水平线使人觉得宁静和轻松，给人以稳定、舒缓、安静、平和的感觉，可以使空间更加开阔，在层高偏高的空间中通过水平线可以造成空间降低的感觉；垂直线能表现一种与重力相均衡的状态，给人以向上、崇高和坚韧的感觉，使空间的伸展感增强，在低矮的空间中使用垂直线，可以造成空间增高的感觉；斜线具有较强的方向性和强烈的动感特征，使空间产生速度感和上升感，如图2.32所示。

图2.33 水平线和垂直线在住宅空间中的应用

2. 曲线

曲线具有女性的特征，表现出一种由侧向力引起的弯曲运动感，显得柔软丰满、轻松优雅。曲线分为几何曲线和自由曲线，几何曲线包括圆、椭圆和抛物线等规则型曲线，具有均衡、秩序和规整的特点；自由曲线是一种不规则的曲线，包括波浪线、螺旋线和水纹线等，它富于变化和动感，具有自由、随意和优美的特点。在室内空间设计中，经常运用曲线来体现轻松、自由的空间效果，如图2.34所示。

图2.34 曲线在住宅空间中的应用

三、面

线的并列形成面，面可以看成是由一条线移动展开而成的，直线展开形成平面，曲线展开形成曲面。面可以分为规则的面和不规则的面。规则的面包括对称的面、重复的面和渐变的面等，具有和谐、规整和秩序的特点；不规则的面包括对比的面、自由性的面和偶然性的面等，具有变化、生动和趣味的特点，如图2.35和图2.36所示。

图2.35 规则的面在住宅空间中的应用

图2.36 不规则的面在住宅空间中的应用

面的设计手法主要有以下几种。

1．表现结构的面

即运用结构外露的处理手法形成的面。这种面具有较强的现代感和粗犷的美感，结构本身还体现了一种力量，形成连续的节奏感和韵律感，如图2.37所示。

图2.37 表现结构的面

2．表现层次变化的面

即运用凹凸变化、深浅变化和色彩变化等处理手法形成的面。这种面具有丰富的层次感和体积感，如图2.38所示。

图2.38　凹凸变化的面

3. 表现动感的面

即使用动态造型元素设计而成的面，如旋转而上的楼梯、波浪形的天花造型和自由的曲面效果等。动感的面具有灵动、优美的特点，表现出活力四射、生机勃勃的感觉，如图2.39所示。

图2.39　表现动感的面

4. 表现质感的面

即通过表现材料肌理质感变化而形成的面。这种面具有粗犷、自然的美感，如图2.40所示。

图2.40　表现质感的面

5. 倾斜的面

即运用倾斜的处理手法来设计的面。这种面给人以新颖、奇特的感觉。

6. 仿生的面

即模仿自然界动、植物形态设计而成的面。这种面给人以自然、朴素和纯净的感觉，如图2.41所示。

图2.41 仿生的面

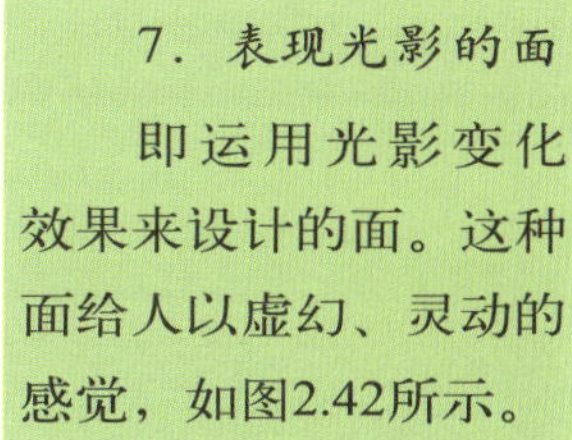

7. 表现光影的面

即运用光影变化效果来设计的面。这种面给人以虚幻、灵动的感觉，如图2.42所示。

图2.42 表现光影的面

8. 渗透的面

即运用半通透的处理手法形成的面。这种面给人以顺畅、延续的感觉，如图2.43所示。

图2.43 渗透的面

9．趣味性的面

即利用带有娱乐性和趣味性的图案设计而成的面。这种面给人以轻松、愉快的感觉，如图2.44所示。

图2.44　趣味性的面

10. 视错觉的面

利用材料的反射性和折射性制造出视错觉和幻觉的面称为视错觉的面。这种面给人以新奇、梦幻的感觉，如图2.45所示。

图2.45 视错觉的面

11. 表现重点的面

即在空间中占主导地位的面。这种面给人以集中、突出的感觉，如图2.46所示。

图2.46 表现重点的面

12．表现节奏和韵律的面

即利用有规律的、连续变化的形式设计的面。这种面给人以活泼、愉悦的感觉，如图2.47所示。

图2.47　表现节奏和韵律的面

综上所述，住宅空间是由诸多元素构成的，其中点、线、面是组成空间的基本元素，它们之间的相互联结、相互渗透才能构成和谐美观的空间形式。

思考题

1．点在空间中的作用是什么？

2．曲线在设计中的作用是什么？

3．面的设计手法有哪些？

第四节 住宅空间色彩设计

一、什么是色彩

色彩是光刺激人的眼睛所产生的视觉反映。因为有了光，人们才能感知物体的形状和色彩，光照是色彩产生的前提。物体的色彩在光的照射下呈现出的本质颜色叫固有色；物体的色彩在光的照射下，同时受到周围环境的影响，反射而成的颜色叫环境色。

二、色彩的三要素

色相、明度和纯度是色彩的三要素。色相就是色彩的相貌，是色彩之间相互区别的名称，如红色相、黄色相、绿色相等；明度就是色彩的明暗程度，明度越高，色彩越亮，明度越低，色彩越暗；纯度就是色彩的鲜灰程度或饱和程度，纯度越高，色彩越艳，纯度越低，色彩越灰。

色彩分无彩色和有彩色两大类。黑、白、灰为无彩色，除此之外的任何色彩都为有彩色。其中红、黄、蓝是最基本的颜色，被称为三原色。三原色是其他色彩所调配不出来的，而其他色彩则可以由三原色按一定比例调配出来。如红色加黄色可以调配出橙色，红色加蓝色可以调配出紫色，蓝色加黄色可以调配出绿色等。

三、色彩作用于人的视觉所产生的感觉

(1) 冷暖感：从冷暖感的角度把色彩分为冷色和暖色。

冷色包括：蓝色、蓝紫色、蓝绿色等，使人产生凉爽、寒冷、深远、幽静的感觉。

暖色包括：红色、黄色、橙色、紫红色、黄绿色等，使人产生温暖、热情、积极、喜悦的感觉。

(2) 轻重感：从轻重感的角度把色彩分为轻色和重色。

色彩的轻重主要取决于明度，明度高，色彩感觉轻；明度低，色彩感觉重。其次取决于色相，暖色感觉轻，冷色感觉重。最后取决于纯度，纯度高感觉轻，纯度低感觉重。

(3) 体量感：从体量感的角度把色彩分为膨胀色和收缩色。

色彩的体重感，主要取决于明度，明度高，色彩膨胀；明度低，色彩收缩。其次取决于纯度，纯度高，色彩膨胀；纯度低，色彩收缩。最后取决于色相，暖色膨胀，冷色收缩。

(4) 距离感：从距离感的角度把色彩分为前进色和后退色。

色彩的距离感主要取决于纯度，纯度高、色彩前进；纯度低，色彩后退。其次取决于明度，明度高，色彩前进；明度低，色彩后退。最后取决于色相，暖色前进，冷色后退。

(5) 软硬感：从软硬感的角度把色彩分为软色和硬色。

色彩的软硬感主要取决于明度，明度高，色彩感觉柔软；明度低，色彩感觉坚硬。

其次取决于色相，暖色感觉柔软，冷色感觉坚硬。最后取决于纯度，纯度高，色彩感觉柔软；纯度低，色彩感觉坚硬。

(6) 动静感：从动静感的角度把色彩分为动感色和宁静色。

色彩的动静感主要取决于纯度，纯度高、动感强；纯度低，宁静感强。其次取决于色相，暖色动感强，冷色宁静感强。最后取决于明度，明度高动感强，明度低宁静感强。

四、色彩的对比与协调

1. 色彩的对比

所谓色彩的对比就是两种或以上的色彩放在一起有明显的差别。色彩的对比可以使色彩产生相互突出的关系，使色彩主次分明，虚实得当。色彩对比分为色相对比、明度对比和纯度对比。色相对比主要指色彩冷暖色的互补关系，如红与绿、黄与紫、蓝与橙等；明度对比主要指色彩的明度差别，即深浅对比；纯度对比主要指色彩的饱和度差别，即鲜灰对比。

2. 色彩的协调

色彩的协调就是两种或以上的色彩放在一起无明显差别。色彩的协调可以使色彩相互融合，和谐统一。色彩协调分为色相协调、明度协调和纯度协调。色相协调主要指邻近色的协调，如红与橙、橙与黄、黄与绿等；明度协调主要指减少明度差别；纯度协调主要指减少纯度差别。

五、色彩在室内设计中的应用

色彩设计是室内设计中的重要环节，合理的色彩设计可以使室内空间更加生动、和谐。在室内色彩设计中最关键的环节是确定室内的主色调，主色调可以是单一的一种颜色，也可以是一个系列的色彩，不同的色彩可以使室内空间产生不同的视觉感受，也对人的生理和心理产生不同的影响。

室内色彩设计应该充分考虑使用场所和使用对象的差异，如娱乐空间的色彩设计，应使用纯度较高，刺激性较强的色彩，营造出动感、活跃的室内气氛；而私密空间的色彩设计，应使用纯度较低，素雅、宁静的色彩，营造出静谧、优雅的室内气氛。在使用对象上，年龄较大的人喜欢稳重、朴素的色彩；而年龄较小的儿童则喜欢单纯、活泼的色彩。

色彩的美感还与审美的主体紧密相连，在一定程度上，色彩的美感取决于人的主观感受。有的人喜欢红色，有的人喜欢黄色；有的人喜欢活泼的色调，有的人喜欢素雅的色调。人对色彩的好恶受到年龄、性格、职业、习惯和文化修养等方面的影响。因此，色彩无所谓美与不美，关键在于这种色彩能否达到使用者的审美要求。

1. 红色

红色具有鲜艳、热烈、热情、喜庆的特点，给人勇气与活力,是一种积极的、自我奋斗的、男性化的颜色。红色可刺激和兴奋神经，促进机体血液循环，引起人的注意并使人产生兴奋、激动和紧张的感觉。红色有助于增强食欲。红色使人联想到火与血，是一种警戒色。红色运用于住宅室内装饰，可以大大提高空间的注目性，使室内空间产生温暖、热情、自由奔放的感觉。粉红色和紫红色是红色系列中最具浪漫和温馨特点的颜色，较女性化，可使住宅室内空间产生迷情、亮丽的感觉。红色在住宅空间中的运用如图2.48所示。

图2.48　红色在住宅空间中的运用

2．黄色

黄色具有高贵、奢华、温暖、柔和、怀旧的特点，它能引起人们无限的遐想，渗透出灵感和生气，启发人的智力，使人欢乐和振奋，是最明亮、最光辉的颜色。黄色具有帝王之气，象征着权利、辉煌和光明；黄色高贵、典雅，具有大家风范；黄色还具有怀旧情调，使人产生古典唯美的感觉。黄色是室内设计中的主色调，可以使住宅室内空间产生温馨、柔美的感觉，令人心情愉悦，如图2.49所示。

图2.49　黄色在住宅空间中的运用

3．绿色

绿色具有清新、舒适、休闲的特点，有助于消除神经紧张和视力疲劳。绿色象征青春、成长和希望，使人感到心旷神怡，舒适平和。绿色是富有生命力的色彩，使人产生自然、休闲的感觉，有着健康的意义。绿色运用于住宅室内装饰，可以营造出朴素简约、清新明快的室内气氛，并给人以理想、田园、青春的气质，如图2.50所示。

图2.50　绿色在住宅空间中的运用

4．蓝色

蓝色具有清爽、宁静、优雅的特点，象征深远、理智和诚实，同时也是一种容易让人产生幻想的颜色。蓝色使人联想到天空和海洋，有镇静作用，能缓解紧张心理，增添安宁与轻松之感。蓝色宁静又不缺乏生气，高雅脱俗。蓝色运用于住宅室内装饰，可以营造出清新雅致、宁静自然的室内气氛，给人以科学、理想、理智的感觉，如图2.51所示。

图2.51　蓝色在住宅空间中的运用

5. 紫色

紫色具有冷艳、高贵、浪漫的特点，象征天生丽质，浪漫温情，是最有魅力、最神秘的颜色。紫色具有罗曼蒂克般的柔情，是爱与温馨交织的颜色，尤其适用于新婚和感情丰富的小家庭。紫色运用于住宅室内装饰，可以营造出高贵、雅致、纯情的室内气氛，如图2.52所示。

图2.52 紫色在住宅空间中的运用

6. 灰色

灰色具有简约、平和、中庸的特点，象征儒雅、理智和严谨。灰色是深思而非兴奋、平和而非激情的色彩，使人视觉放松，给人以朴素、简约的感觉。此外，灰色使人联想到金属材质，具有冷峻、时尚的现代感。灰色运用于住宅室内装饰，可以营造出宁静、柔和、雅致的室内气氛，如图2.53所示。

图2.53 灰色在住宅空间中的运用

7. 黑色

黑色具有稳定、庄重、严肃、性感的特点，象征理性、稳重和智慧。黑色是无彩色系的主色，可以降低色彩的纯度，丰富色彩层次，给人以安定、平稳的感觉。黑色运用于住宅室内装饰，可以增强空间的稳定感，营造出朴素、宁静、超脱的室内气氛，如图2.54所示。

图2.54　黑色在住宅空间中的运用

8. 白色

白色具有洁净、纯真、浪漫、神圣的特点，象征高贵、大方。白色使人联想到冰与雪，具有冷调的现代感和未来感。白色具有镇静作用，给人以理性、秩序和专业的感觉。白色具有膨胀效果，可以使空间更加宽敞、明亮。白色运用于住宅室内装饰，可以营造出轻盈、素雅的室内气氛，如图2.55所示。

图2.55　白色在住宅空间中的运用

9. 褐色

褐色具有传统、古典、稳重的特点，象征沉着、雅致。褐色使人联想到泥土，具有民俗和文化内涵。褐色具有镇静作用，给人以宁静、优雅的感觉。中国传统住宅室内装饰中常用褐色作为主调，体现出东方特有的古典文化魅力，如图2.56所示。

图2.56 褐色在室内空间中的运用

色彩的搭配与组合可以使住宅室内色彩更加丰富、美观。住宅室内色彩搭配力求和谐统一，通常用两种以上的颜色进行组合，要有一个整体的配色方案，不同的色彩组合可以产生不同的视觉效果，也可以营造出不同的环境气氛，如图2.57和图2.58所示。

(1) 黄色+茶色(浅咖啡色)：怀旧情调，朴素、柔和；

(2) 蓝色+紫色+红色：梦幻组合，浪漫、迷情；

(3) 黄色+绿色+木本色：自然之色，清新、悠闲；

(4) 黑色+黄色+橙色：青春动感，活泼、欢快；

(5) 蓝色+白色：地中海风情，清新、明快；

(6) 青灰+粉白+褐色：古朴、典雅；

(7) 红色+黄色+褐色+黑色：中国民族色，古典、雅致；

(8) 米黄色+白色：轻柔、温馨；

(9) 黑色+灰色+白色：简约、平和。

思考题

1．色彩的三要素是什么？

2．色彩作用于人的视觉产生哪些感觉？

3．蓝色有哪些特点？

4．黑色有哪些特点？

图2.57　对比色调的住宅空间

图2.58　单一协调色调的住宅空间

第五节　住宅空间家具与陈设设计

家具起源于人的生活需求，是人类几千年文化的结晶。人类经过漫长的实践，使家具不断更新、演变。在材料、工艺、结构、造型、色彩和风格上家具都在不断完善。形形色色、变化万千的家具为室内设计师提供了更多的设计灵感和素材。家具已经成为住宅空间环境设计的重要组成部分。家具的选择与布置是否合适，对于住宅空间环境的装饰效果起着重大的作用。

一、家具的分类

1．按使用功能分类

支承类家具：指各种坐具、卧具，如凳、椅、床等。

凭倚类家具：指各种带有操作台面的家具，如桌、台、茶几等。

贮藏类家具：指各种有贮存或展示功能的家具，如箱柜、橱架等。

装饰类家具：指陈设装饰品的开敞式柜类成架类的家具，如博古架、隔断等。

2．按结构特征分类

框式家具：以榫接合为主要特点，木方通过榫接合构成承重框架，围合的板件附设于框架之上，一般一次性装配而成，不便拆装。

板式家具：以人造板构成板式部件，用连接件将板式部件接合装配的家具，板式家具有可拆和不可拆之分。

拆装式家具：用各种连接件或插接结构组装而成的可以反复拆装的家具。

折叠家具：能够折动使用并能叠放的家具，便于携带、存放和运输。

曲木家具：以实木弯曲或多层单板胶合弯曲而制成的家具，具有造型别致、轻巧、美观的优点。

壳体家具：指整体或零件利用塑料或玻璃一次模压、浇注成型的家具，具有结构轻巧、形体新奇和新颖时尚的特点。

悬浮家具：以高强度的塑料薄膜制成内囊，在囊内充入水或空气而形成的家具。悬浮家具新颖、有弹性、有趣味，但一经破裂则无法再使用。

树根家具：以自然形态的树根、树枝、藤条等天然材料为原料，略加雕琢后经胶合、钉接、修整而成的家具。

3．按制作家具的材料分类

木质家具：主要由实木与各种木质复合材料(如胶合板、纤维板、刨花板和细木工板等)所构成。

塑料家具：整体或主要部件用塑料包括发泡塑料加工而成的家具。

竹藤家具：以竹条或藤条编制部件构成的家具。

金属家具：以金属管材、线材或板材为基材生产的家具。

玻璃家具：以玻璃为主要构件的家具。

皮革和布艺衣家具：以各种皮革和布料为主要面料的家具。

不同种类的家具图如图2.59～图2.61所示。

图2.59　支承类家具

图2.60 框式家具和板式家具

图2.61 壳体家具和曲木家具

二、家具的风格

1. 欧式古典家具

欧式古典家具有华丽、庄重和典雅的特点，其造型繁复，线条纯美，图案多为动物、植物和涡卷饰纹，尺度适宜，家具表面多采用浅浮雕，为显其高贵表面常涂饰金粉和油漆，如图2.62所示。

图2.62　欧式古典家具

2. 中式古典家具

中式古典家具以明清时期的家具为代表。明式家具造型简练朴素、比例匀称、线条刚劲、功能合理、用材科学、结构精到、高雅脱俗，艺术成就达到了极致。

明式家具功能十分合理，关键部位的尺寸完全符合人体工程学。用材讲究，充分发挥了木材的性能。在结构上沿用了中国古建筑的梁柱结构，多用圆腿支撑，并作适当的收分，四腿略向外侧，符合力学原理。部件之间采用榫卯结合和嵌板结合，有利于木材的胀缩变形。

明式家具造型高雅脱俗，以线条为主，民族特色浓厚。装饰手法丰富多样，既有局部精微的雕镂，又有大面积的木材素面效果。家具雕刻以线雕和浮雕为主，构图对称均衡，图案多以吉祥图案为主，如灵草、牡丹、荷花、梅、松、菊、仙桃、凤纹、云水等。明式家具还采用了金属饰件，以铜居多，如拉手、画页、吊牌等多为白铜所制，并且很好地起到了保护家具的作用。

明式家具内容丰富多样，主要有椅凳类、几案类、橱柜类、床榻类、台架类和屏座类等，如图2.63所示。

清式家具以乾隆时期的为代表，为了显示统治者的"文治武功"，高档家具层出不穷，形成了极端的豪华富贵之风。清式家具化简朴为华贵，造型趋向复杂繁琐，形体厚重，富丽气派。清式家具重视装饰，运用雕刻、镶嵌、描绘和堆漆等工艺手法，使家具表面效果更加丰富多彩。装饰题材繁多，以吉祥图案为主。家具用材讲究，常用紫檀、黄花梨、柚木等高档木材。

清式家具以苏式、京式和广式为代表。苏式家具以江浙为制造中心，风格秀丽精巧；京式家具因皇宫贵族的特殊要求，造型庄严宽大，威严华丽；广式家具以广东沿海为制造中心，并广泛地吸收了海外制造工艺，表现手法多样，家具风格厚重繁琐，富丽凝重，形成了鲜明的近代特色和地域特征，很具有代表性。

图2.63　明式家具

3. 现代家具

现代家具以实用、经济和美观为特点，采用工业化生产，材料多样，而且零部件标准可以通用。现代家具重视使用功能，造型简洁，结构合理，较少装饰，如图2.64所示。

图2.64 现代家具

三、家具设计的造型法规与表现

家具是科学、艺术、物质和精神的结合。家具设计涉及心理学、人体工程学、结构学、材料学和美学等多学科领域。家具设计的核心就是造型，造型好的家具会激发人们的购买欲望，家具设计的造型设计应注意以下几个方面。

1. 比例

比例是一个度量关系，即指家具的长、宽、高3个方向的度量比。

2. 平衡

平衡给人以安全感，分对称性平衡和非对称性平衡。

3. 和谐

和谐指构成家具的部件和元素的一致性，包括材料、色彩、造型、线型和五金等。

4. 对比

强调差异，互为衬托，有鲜明的变化，如方与圆、冷与暖、粗与细等。

5. 韵律

韵律是一种空间的重复，有节奏的运动。韵律可借助于形状、色彩和线条取得，分连续韵律、渐变韵律和起伏韵律。

6. 仿生

根据造型法则和抽象原理对人、动物和植物的形体进行仿制和摹拟，设计出具有生物特点的家具。

家具表现如图2.65～图2.71所示。

图2.65 家具表现1 文健

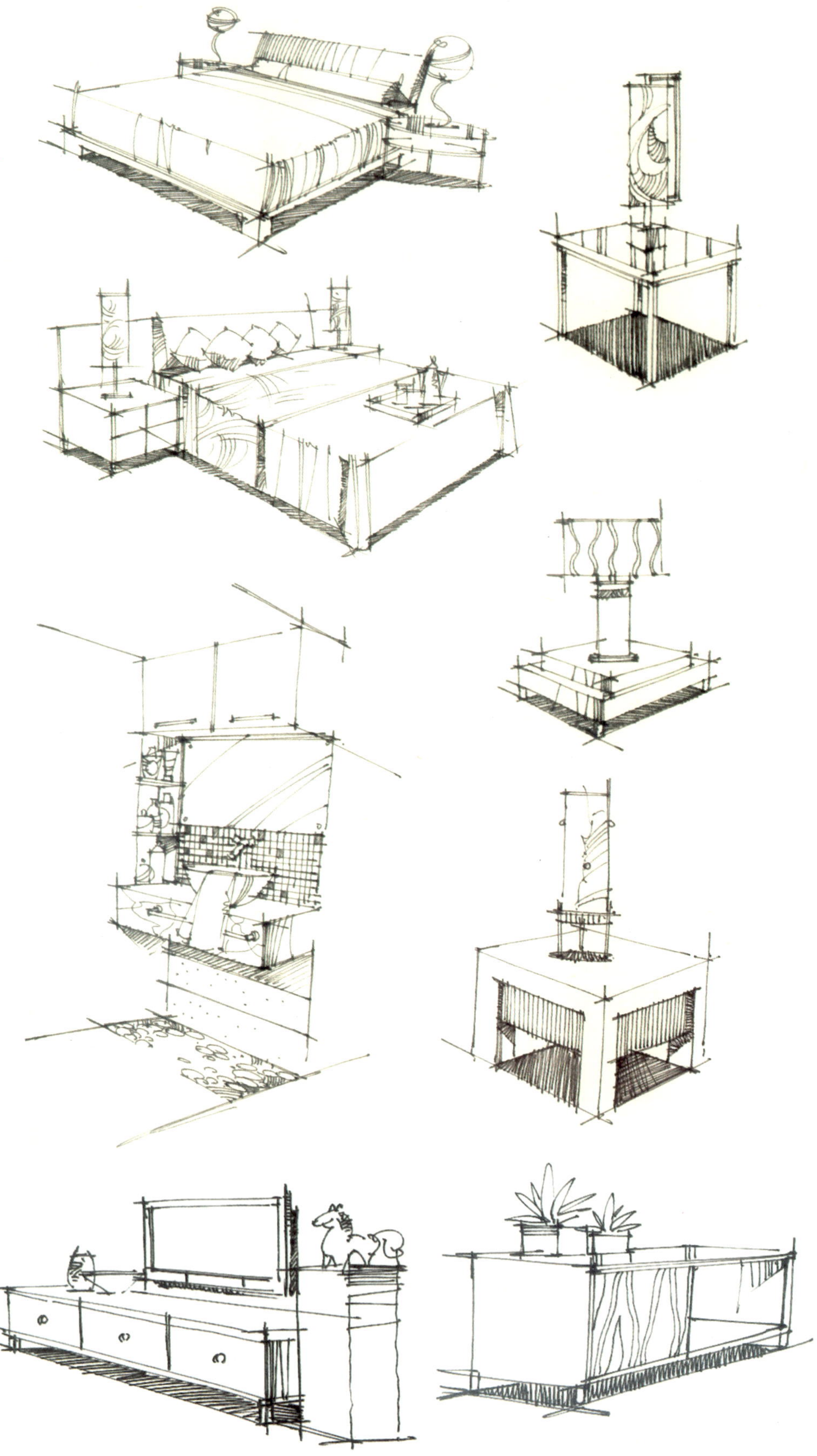

图2.66 家具表现2 文健

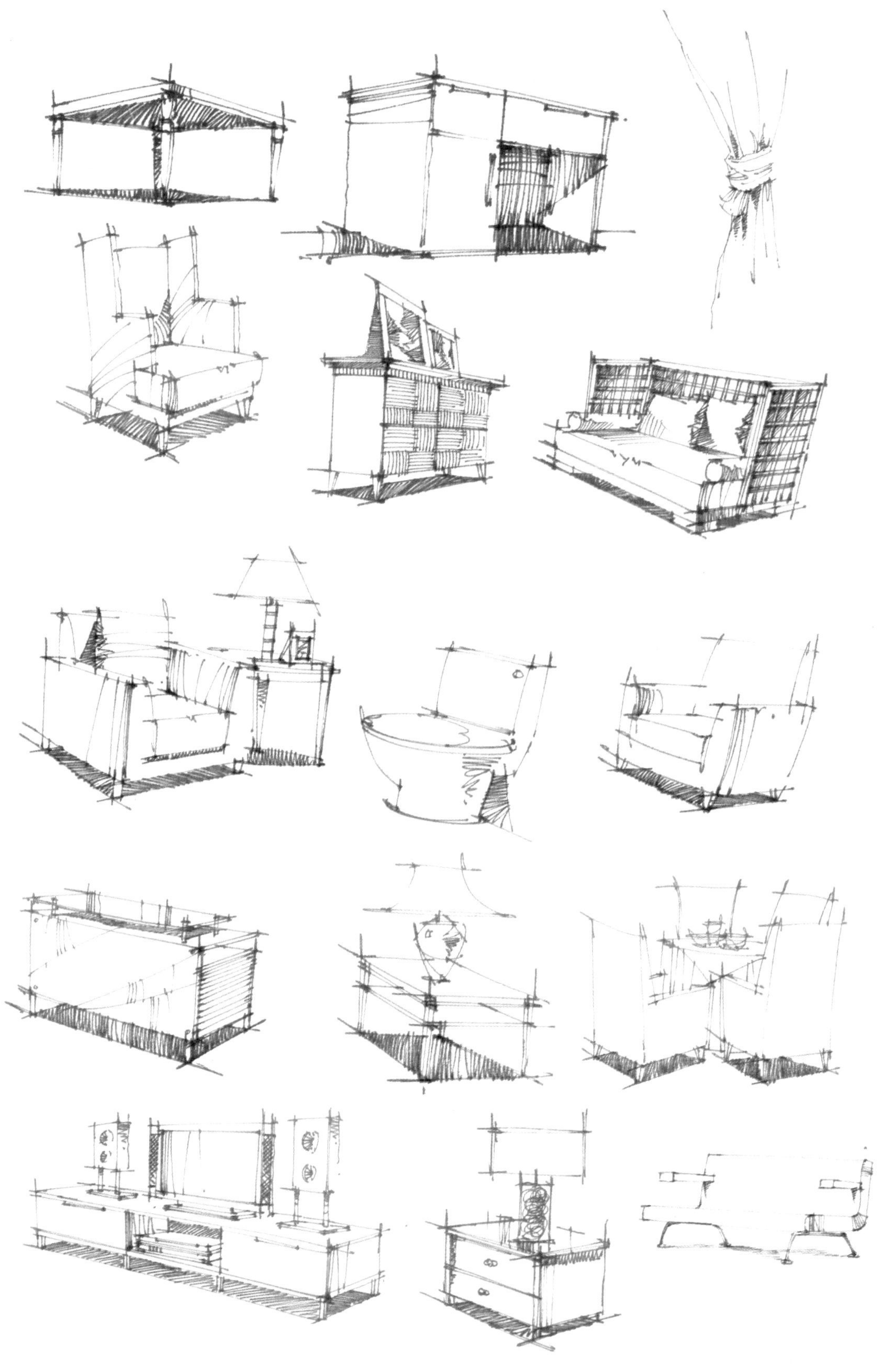

图2.67 家具表现3 文健

第二章 住宅空间设计的语言

图2.68 家具表现4 文健

图2.69 家具表现5 文健

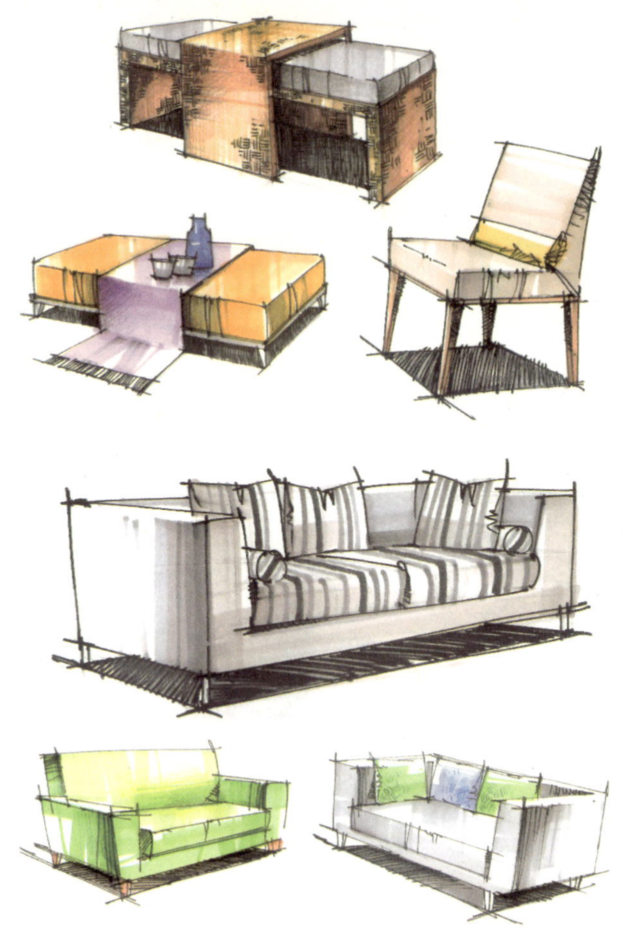

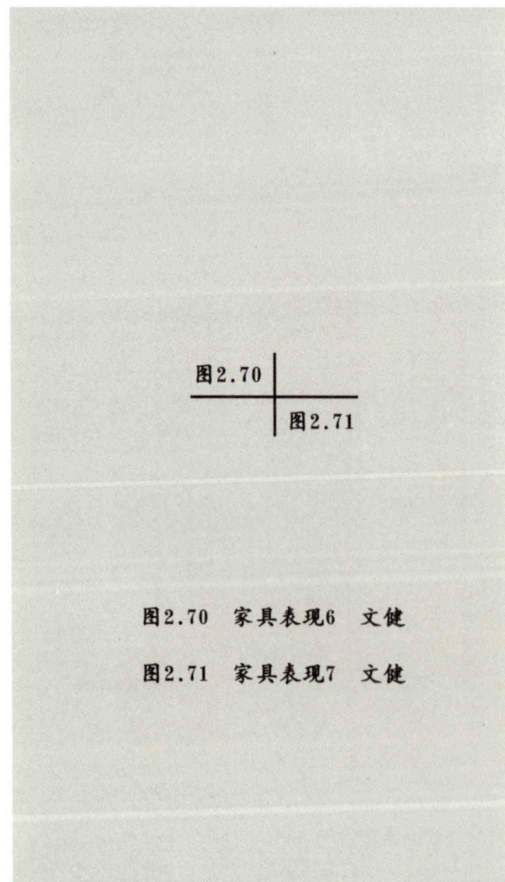

图2.70 图2.71

图2.70　家具表现6　文健

图2.71　家具表现7　文健

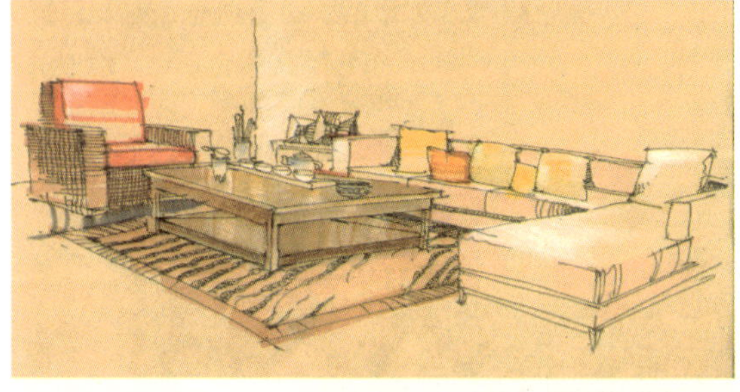

四、住宅室内灯具设计

灯具是住宅室内人工照明的主要光源，其种类繁多，造型各异，在住宅室内装饰中起着重要的作用。灯具可以分为悬挂式灯具、嵌入式灯具、吸顶式灯具、导轨式灯具和支架式灯具。悬挂式灯具中最常见的是吊灯；嵌入式灯具中最常见的是筒灯；吸顶式灯具中最常见的是吸顶灯；导轨式灯具中最常见的是导轨射灯；支架式灯具中最常见的是台灯、壁灯和落地灯。灯具的选择与设计应注意以下几点。

(1) 灯具的选择与设计应该与住宅室内整体风格相协调。中式风格的住宅室内选择中式灯具；欧式风格的住宅室内选择欧式灯具；现代风格的住宅室内选择现代灯具，切不可鱼龙混杂，张冠李戴。

(2) 灯具的选择与设计应该兼顾功能性、装饰性和稳定性。要根据区域的面积和照明需求有效地布置灯具。同时，还应精心选择或设计出造型美观、设计新颖的灯具，为住宅室内装饰增光添彩。

(3) 灯具的选择与设计应该与具体的空间形式相结合，根据空间的功能要求来进行选择与设计。如客厅的功能主要是家人聚会、娱乐和待客，是一个开放性的活动场所，所以在选择灯具时，应尽量考虑体现出主人的风度和气派，可选择较豪华的水晶吊灯。

(4) 灯具的选择与设计应该与住宅室内整体光环境的营造相结合。住宅室内光环境是一个综合体，需要表现出不同的光照效果。如重点照明时，可以选用导轨射灯，进行强化照射，达到突出重点的目的；在一些主题墙的设计中，常用连续的几个筒灯，形成弧形的照射光带，既可以营造出造型的立体效果，又可以形成连续而有节奏的曲线美感。

住宅室内灯具样式如图2.72和图2.73所示。

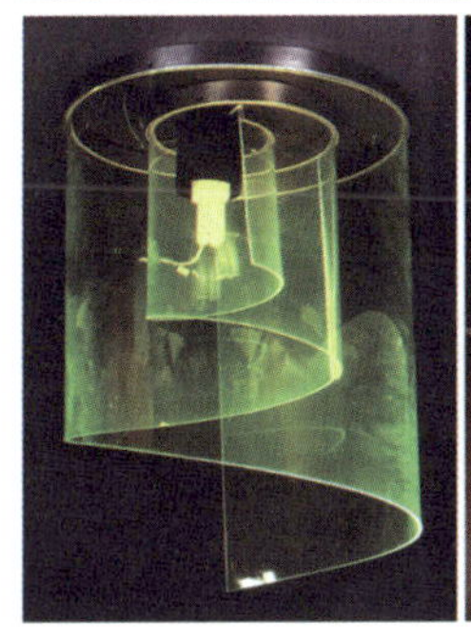

图2.72　灯具设计1

图2.73 灯具设计2

五、住宅室内陈设设计

住宅室内陈设是指住宅室内的摆设，是用来营造住宅室内气氛和传达精神功能的物品。随着人们生活水平的提高和审美的提高，人们越来越注重住宅室内陈设品装饰，室内设计已经进入“重装饰轻装修”的时代。

住宅室内陈设设计时首先应注意陈设品的格调要与住宅室内的整体环境相协调；其次要注意主次关系，使陈设品成为“点睛之笔”而不破坏整体效果；最后还要考虑使用者的喜好，尽量选择与使用者年龄和职业相符的陈设品。

住宅室内陈设设计时还要注意体现民族文化和地方文化。国内的许多宾馆常用陶瓷、景泰蓝、唐三彩、中国画和书法等具有中国传统文化特色的装饰来体现中国文化的魅力，使许多外国游客流连忘返。盆景和插花也是住宅室内常用的陈设品，植物花卉的色彩让人犹如置身于大自然，给人以勃勃生机之感。

住宅室内陈设从使用角度上可分为功能性陈设(如灯具、织物和生活日用品等)和装饰性陈设(如艺术品、工艺品、纪念品、观赏性植物等)。

住宅室内陈设从材质上可分为以下几个大类。

1. 家居织物

家居织物主要包括窗帘、地毯、床单、台布、靠垫和挂毯等。这些织物不仅有实用功能，还具备艺术审美价值。织物的选择与布置要充分发挥其材料质感、色彩和纹理的表现力，增强室内艺术气氛，陶冶人的情操。

窗帘具有遮蔽阳光、隔声和调节温度的作用。窗帘的选择应根据不同空间的特点，采光不好的空间可用轻质、透明的纱帘，以增加住宅室内光感；光线照射强烈的空间可用厚实、不透明的绒布窗帘，以减弱住宅室内光照。隔声的窗帘多用厚重的织物来制作，褶皱要多，这样隔声效果更好。窗帘调节温度主要运用色彩的变化来实现，如冬天用暖色，夏天用冷色；朝阳的房间用冷色，朝阴的房间用暖色。制作窗帘的材料很多，如布、沙、竹、塑料等。窗帘的款式包括单幅式、双幅式、束带式、半帘式、横纵向百叶帘式等。

地毯是住宅室内铺设类装饰品，广泛用于住宅室内装饰。地毯不仅视觉效果好，艺术美感强，还可以吸收噪音，创造安宁的室内气氛。此外，地毯还可使空间产生聚合感，使住宅室内空间更加整体、紧凑。地毯分为纯毛地毯、混纺地毯、合成纤维地毯、塑料地毯和植物编织毯等。

靠垫是沙发的附件，可调节人们的坐、卧、倚、靠姿势。靠垫的形状以方形和圆形为主，多用棉、麻、丝和化纤等材料，采用提花、印花和编织等制作手法，图案自由活泼，趣味性强。靠垫的布置应根据沙发的样式来进行选择，一般素色的沙发用艳色的靠垫，而艳色的沙发则用素色的靠垫。

家居织物如图2.74～图2.76所示。

图2.74
图2.75

图2.74 窗帘设计

图2.75 靠垫设计

图2.76　布艺设计

2．艺术品和工艺品

艺术品和工艺品是住宅室内常用的装饰品。艺术品包括绘画、书法、雕塑和摄影等，有极强的艺术欣赏价值和审美价值。工艺品既有欣赏性，又有实用性。

艺术品是住宅室内珍贵的陈设品，艺术感染力强。在艺术品的选择上要注意与住宅室内风格相协调。欧式古典风格住宅室内应布置西方的绘画(油画、水彩画)和雕塑作品；中式古典风格住宅室内应布置中国传统绘画和书法作品。中国画形式和题材多样，分工笔和写意两种画法，又有花鸟画、人物画和山水画3种表现形式。中国书法博大精深，分楷、草、篆、隶、行等书体。中国书画必须要进行装裱，才能用于室内的装饰。

工艺品主要包括瓷器、竹编、草编、挂毯、木雕、石雕、盆景等。还有民间工艺品，如泥人、面人、剪纸、刺绣、织锦等。其中陶瓷制品特别受人们喜爱，它集艺术性、观赏性和实用性于一体。在室内放置陶瓷制品，可以体现出优雅脱俗的效果。陶瓷品种分两类：一类为装饰性陶瓷，主要用于摆设；另一类是观赏和实用相结合的陶瓷，如陶瓷水壶、陶瓷碗、陶瓷杯等。青花瓷是中国的一种传统名瓷，其沉着质朴的靛蓝色体现出温厚、优雅、和谐的美感。除此之外，一些日常用品也能较好地实现装饰功能，如一些玻璃器具和金属器具晶莹透明、绚丽闪烁，光泽性好，可以增加室内华丽的气氛。

住宅室内艺术品和工艺品如图2.77~图2.81所示。

图2.77 住宅室内艺术品和工艺品设计1

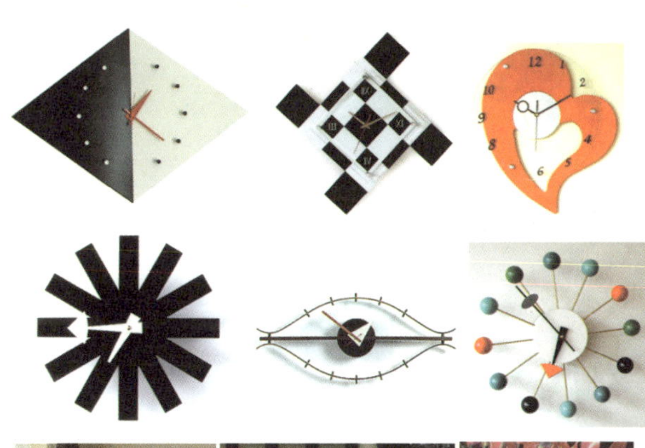

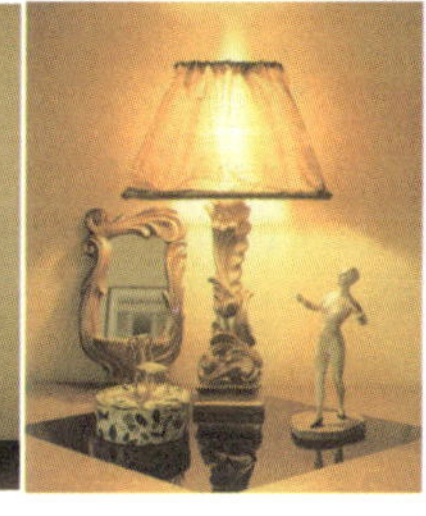

图2.78 住宅室内艺术品和工艺品设计2

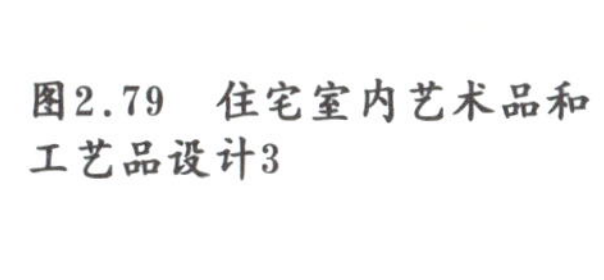

图2.79 住宅室内艺术品和工艺品设计3

图2.80 | 图2.81

图2.80　住宅室内艺术品和工艺品设计4

图2.81　住宅室内艺术品和工艺品设计5

思考题

1. 家具按使用功能分为哪些？
2. 家具设计的造型法规有什么？
3. 窗帘的作用有哪些？

第三章 玄关与客厅设计

玄关按照《辞海》中的解释是指佛教的入道之门，演变到后来泛指厅堂的外门。现在，经过长期的约定俗成，玄关指的是房门入口的一个区域。玄关是进入住宅室内的咽喉地带和缓冲区域，也是进入室内后的第一印象，因此在室内设计中有不可忽视的地位和作用。

客厅是全家人文化娱乐、休息、团聚、接待客人和相互沟通的场所，是家居中主要的起居空间，也是住宅中活动最集中，使用频率最高的空间。它能充分体现主人的品味、情感和意趣，展现主人的涵养与气度，是整个住宅的中心。

第一节 玄关设计

玄关是进入住宅室内的通道和入口空间，具有使用价值和审美价值。首先，玄关可以具有一定的贮藏功能，用于放置鞋柜和衣架，便于主人或客人换鞋、挂外套之用。其次，玄关可以表现一定的审美效果，通过色彩、材料、电灯光和造型的综合设计可以使玄关看上去更加美观、实用。玄关设计是设计师整体设计思想的浓缩，它在住宅室内装饰中起到画龙点睛的作用，能使客人一进门就有眼睛一亮的感觉。

玄关是进入客厅的回旋地带，可以有效地分割室外和室内，避免将室内景观完全暴露，使视线有所遮掩，更好地保护室内的私密性。还可以避免因室外人的进入而影响室内人的活动，使室外进入者有个缓冲、调整的场所。

玄关是住宅装饰的第一道风景，在一定程度上体现着主人的审美品味和情趣，在设计时应注意以下几个方面。

(1) 玄关的造型应与室内整体风格保持一致，力求简洁、大方。玄关的造型主要有以下几种形式。

① 玻璃半通透式，即运用有肌理效果的玻璃来隔断空间的形式，如磨砂玻璃、裂纹玻璃、冰花玻璃、工艺玻璃等。这样可以使玄关空间看上去有一种朦胧的美感，使玄关和客厅之间隔而不断。

② 列柱隔断式，即运用几根规则的立柱来隔断空间的形式。这样可以使玄关空间看上去更加通透，使玄关空间和客厅空间很好的结合和呼应。

③ 自然材料隔断式，即运用竹、石、藤等自然材料来隔断空间的形式。这样可以使玄关空间看上去朴素、自然。

④ 古典风格式，即运用中式和欧式古典风格中的装饰元素来设计玄关空间，如中式的条案、屏风、瓷器、挂画，欧式的柱式、玄关台等。这样可以使玄关空间更加具有文化气质和古典、浪漫的情怀。

(2) 玄关是一个过道，是容易弄脏的地方。其地面宜用耐磨损、易清洁的石材或颜色较深的陶质地砖，这样不仅便于清扫，而且使玄关看上去清爽、华贵且气度不凡。

(3) 玄关是室外进入室内的第一场所，应尽量营造出优雅、宁静的空间氛围。灯光的设置不可太暗，以免引起短时失明。玄关的色彩不可太艳，应尽量采用纯度低、彩度低的颜色。

玄关设计如图3.1所示。

图3.1 玄关设计

思考题

玄关的造型主要有哪几种形式？

第二节　客厅设计

客厅又称“起居室”，是家庭团聚、消遣娱乐和会客的场所。客厅设计时要注意对室内动线的合理布置，交通设计要流畅，出入要方便，避免斜插会谈区而影响会谈。客厅设计时可对原有不合理的建筑布局进行适当调整，使之更符合空间尺寸要求。

客厅的陈设可以体现主人的爱好和审美品味，可根据客厅的风格来配置。古典风格配置古典陈设品，现代风格配置现代陈设品。这些形态各异的陈设品在客厅中往往能起到画龙点睛的作用，使客厅看上去更加生动、活泼。

客厅设计时还要注意对天花、墙面和地面3个界面的处理。客厅天花设计时可根据室内的空间高度来进行设计。空间高度较低的客厅不宜吊顶，以简洁平整为主；空间高度较高的客厅可根据具体情况吊二级顶、三级顶等。天花的吊顶还可以采用局部吊顶的手法，如四周低中间高，四周吊顶，中间空，形成一个“天池”状的光带，使整个客厅明亮、光洁。天花的色彩宜轻不宜重，以免造成压抑的感觉。客厅的墙面通常用大理石、乳胶漆、墙纸或木饰面板来装饰。视听背景墙是装饰的重点，靠阳台的墙面以大玻璃开窗或玻璃推拉门为主，这样可以使客厅获得充足的采光和清新的空气，保证客厅的空气流通，并调节室温。靠沙发的墙面可通过简易的造型或挂装饰画来装饰墙面。

客厅的地面常用耐脏、易清洁、光泽度高的抛光石材或抛光砖，可通过地面不同的拼花来丰富视觉效果。沙发会谈区还可通过铺设地毯来聚合空间，美化室内环境。客厅内可适当摆设绿色植物，既可以净化空气，又可以消解视觉疲劳。

客厅的主要功能区域可以划分为家庭聚谈区和会客接待区、视听活动区3个部分。

1．家庭聚谈区和会客接待区

客厅是家庭成员团聚和交流感情的场所，也是家人与来宾会谈交流的场所，一般采用几组沙发或坐椅围合成一个聚谈区域来实现。客厅沙发或坐椅的围合形式一般有单边形、“L”形、“U”形等，如图3.2和图3.3所示。

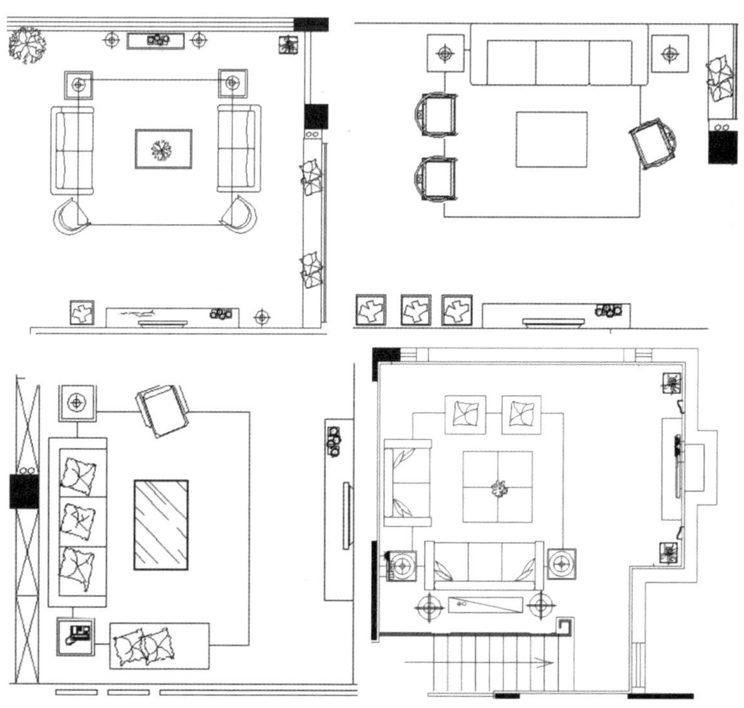

图3.2　客厅沙发组合1

图3.3　客厅沙发组合2

2. 视听活动区

视听活动区是客厅视觉注目的焦点。人们每天需要接收大量的信息，或坐在视听区内听音乐、欣赏影视图像以消除一天的疲劳。另外，接待宾客时，也常需利用有声或有形物掩盖一下神色及态度上的短暂沉默与尴尬。因此，现代住宅越来越重视视听区域的设计 。视听活动区的设计主要根据沙发主座的朝向而定。通常，视听区布置在主座的迎立面或迎立面的斜角范围内，以使视听区域构成客厅空间的主要目视中心，并烘托出宾主和谐、融洽的气氛。

视听活动区一般由电视柜、电视背景墙和电视视听组合等部分组成。电视背景墙是客厅中最引人注目的一面墙，是客厅的视觉中心。电视背景墙是为了弥补客厅中电视机背景墙面的空旷，同时可以起到客厅修饰的作用。电视背景墙是家人目光注视最多的地方，经年累月地看也会让人厌烦，所以其装修也尤为讲究。可以通过别致的材质、优美的造型来表现，主要有以下几种形式。

(1) 古典对称式：中式和欧式风格都讲究对称布局，它具有庄重、稳定、和谐的感觉。

(2) 重复式：利用某一视觉元素的重复出现来表现造型的秩序感、节奏感和韵律感。

(3) 材料多样式：利用不同装饰材料的质感差异，使造型相互突出，相映成趣。

(4) 深浅变化式：通过色彩的明暗和材料的深浅变化来表现造型的形式。这种形式强调主体与背景的差异，主体深，则背景浅；主体浅，则背景深。两者相互突出、相映成趣。

(5) 形状多变式：利用形状的变化和差异来突出造型如曲与直的变化、方与圆的变化等。

客厅电视背景墙设计如图3.4和图3.5所示。

图3.4　客厅电视背景墙设计1

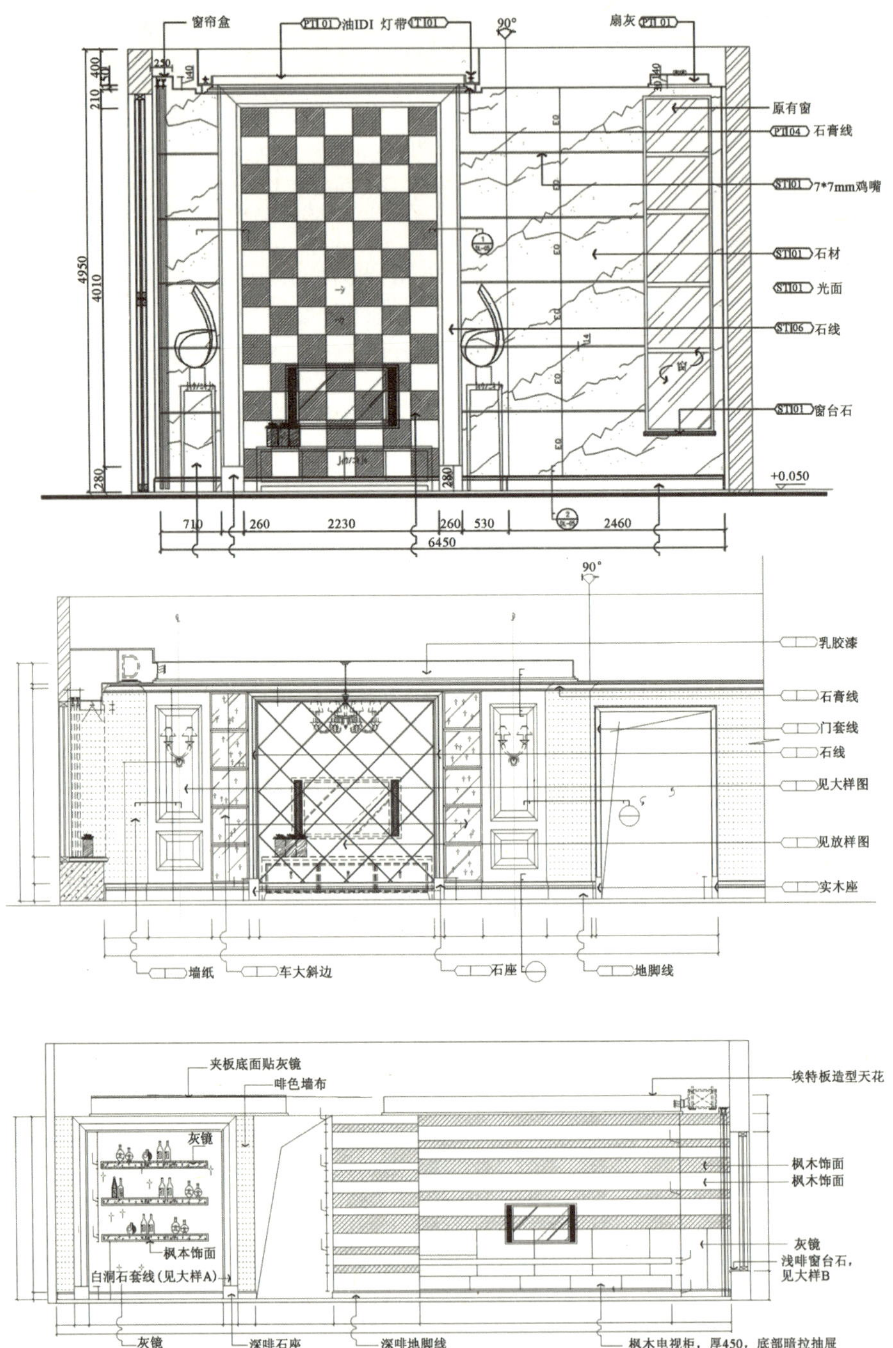

图3.5 客厅电视背景墙设计2

客厅的风格多样，有优雅、高贵、华丽的古典式；有简约、时尚、浪漫的现代式；有朴素、休闲的自然式。客厅的设计与表现如图3.6~图3.15所示。

图3.6 客厅设计1

图3.7　客厅设计2

图3.8　客厅设计手绘表现1　　文健

▲

图3.9　客厅设计手绘表现2　辛冬根（上图、中图）　杨健（下图）

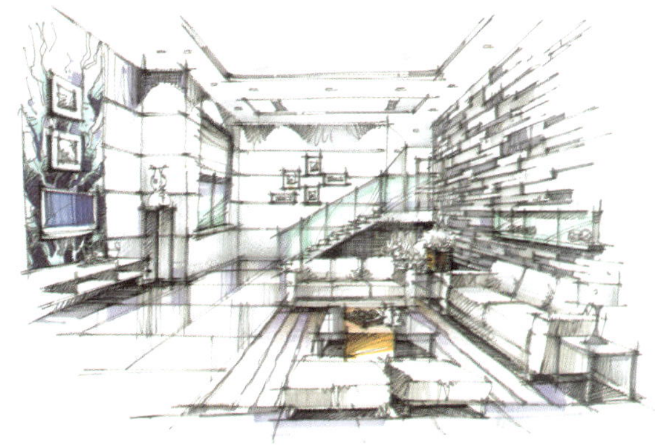

▲

图3.10　客厅设计手绘表现3　文健（上图、中图）　杨万良(下图)

图3.11 客厅设计手绘表现4 王娟(上图) 陆守国(中图) 余迪(下图)

图3.12 客厅设计手绘表现5 广州集美公司作品

图3.13 客厅设计手绘表现6 文健

图3.14 客厅设计手绘表现7 文健

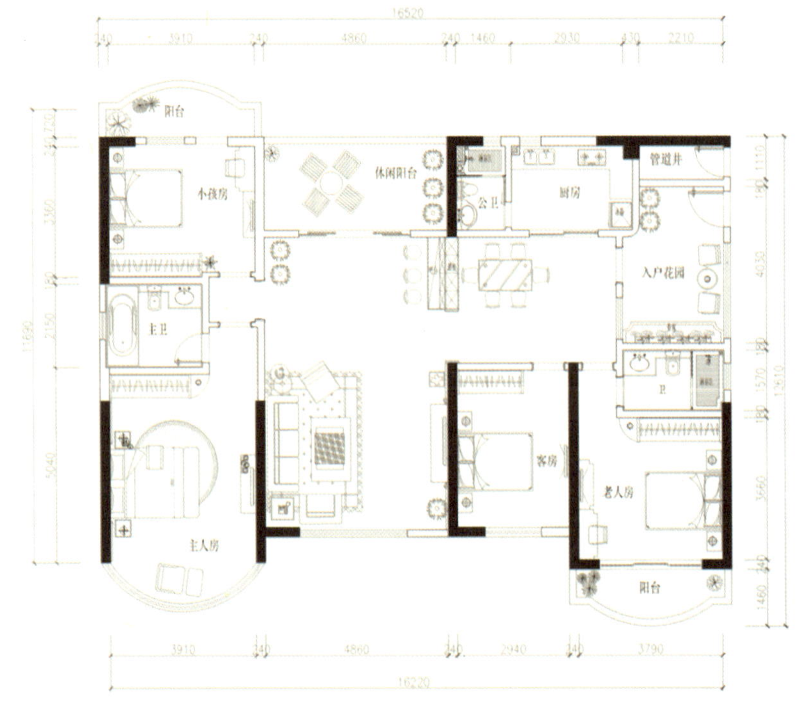

图3.15　客厅设计电脑效果图表现　文健、赵成余

思考题

1. 玄关的造型主要有哪几种形式?

2. 客厅的主要功能区域有哪些?

3. 客厅电视背景墙主要有哪几种表现形式?

第四章 卧室设计

卧室是人们休息睡眠的场所，是居室中较私密的空间。卧室除了用于休息之外，还具有存放衣物、梳妆、阅读和视听等功能。卧室设计的宗旨是让人们在温暖、舒适的氛围中补充精力。

第一节 主卧室设计

主卧室是住宅主人的私人生活空间，它应该满足男女主人双方情感和心理的共同需求，顾及双方的个性特点。主卧室在设计时应遵循两个原则：一是要满足休息和睡眠的要求，营造出安静、祥和的气氛。卧室内可以尽量选择吸声的材料，如海绵布艺软包、木地板、双层窗帘和地毯等。也可以采用纯净、静谧的色彩来营造宁静气氛。二是要设计出尺寸合理的空间。主卧室的空间面积每人不应小于6 m^2，高度不应低于2.4 m，否则就会使人感到压抑和局促。在有限的空间内还应尽量满足休闲、阅读、梳妆和睡眠等综合要求。

主卧室按功能区域可划分为睡眠区、梳妆阅读区和衣物贮藏区3部分。睡眠区由床、床头柜、床头背景墙和台灯等组成。床应尽量靠墙摆放，其他三面临空。床不宜正对门，否则使人产生房间狭小的感觉，开门见床也会影响私密性。床应适当离开窗口，这样可以降低噪音污染和顺畅交通。医学研究表明，人的最佳睡眠方向是头朝南，脚朝北，这与地球的磁场相吻合，有助于人体各器官和细胞的新陈代谢，并能产生良好的生物磁化作用，达到催眠的效果，提高睡眠质量。床应近窗，让清晨的阳光射到床上，有助于吸收大自然的能量，杀死有害微生物。床的设计尺寸，高度为430 mm，长度为2100 mm，宽度有1000～1200 mm（单人床）、1350～2000 mm（双人床）。床头柜和台灯是床的附属物件，可以存放物品和提供阅读采光，一般配置在床的两侧，便于从不同方向上下床。床头柜的设计尺寸，高度为430 mm，长度和宽度为400～500 mm。床头背景墙是卧室的视觉中心，它的设计以简洁、实用为原则，可采用挂装饰画、贴墙纸和贴饰面板等装饰手法，其造型也可以丰富多彩。梳妆阅读区主要布置梳妆台、梳妆镜和学习工作台等。衣物贮藏区主要布置衣柜和储物柜。衣柜常采用导轨式推拉门（一般为厂家定做），造型样式要与卧室整体风格相协调。衣柜的设计尺寸，高度为2500 mm左右，也可到顶，厚度为550～600 mm，长度根据房间长度而定。

主卧室的天花可装饰简洁的石膏脚线，如有梁需做局部吊顶来遮掩，以免造成梁压床的不良视觉效果。地面采用木地板为宜，也可铺设地毯，以增强吸音效果。

主卧室的采光宜用间接照明，可在天花上布置吸顶灯柔化光线。筒灯的光温馨柔和，可作为主卧室的光源之一。台灯的光线集中，适于床头阅读。卧室的灯光照明应营造出宁静、温馨、宜人的气氛。

主卧室宜采用和谐统一的色彩，暖色调温暖、柔和，可作为主色调。主卧室是睡眠的场所，应使用低纯度、低彩度的色彩。

主卧室的风格样式应与其他住宅室内空间保持一致，可以选择古典式、现代式和自然式等多种风格样式。

主卧室设计与表现如图4.1～图4.8所示。

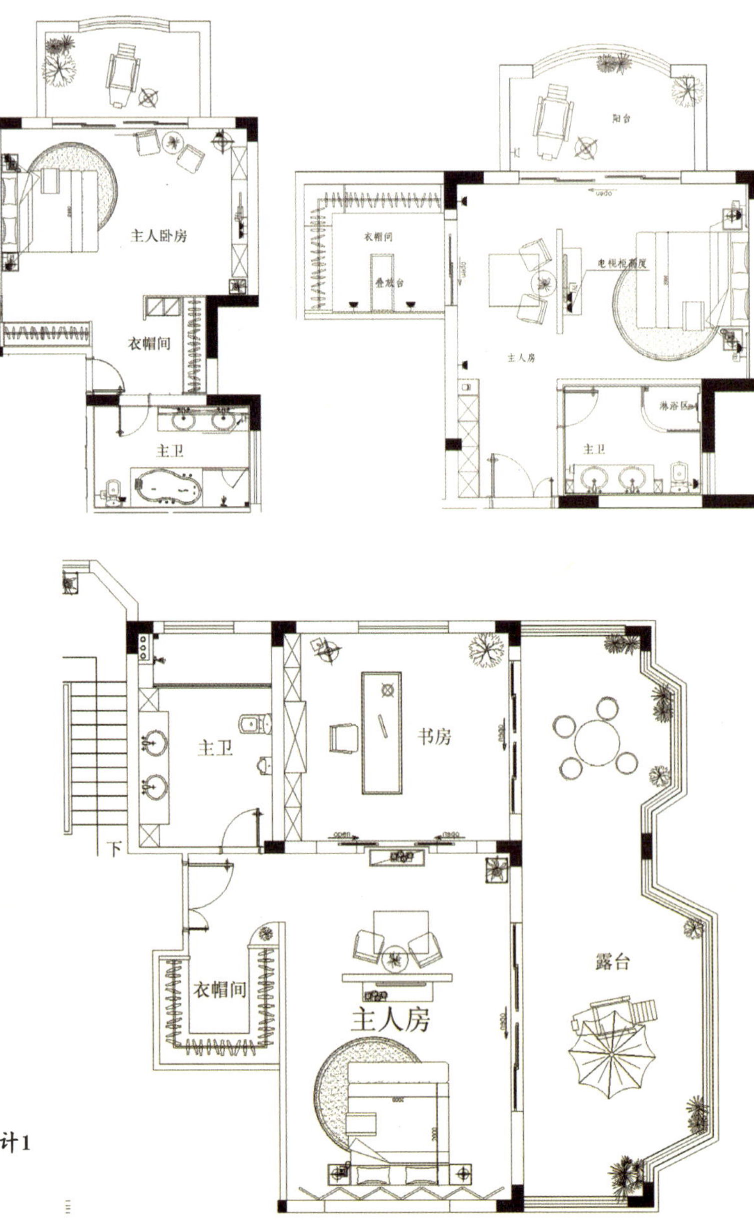

图4.1　主卧室设计1

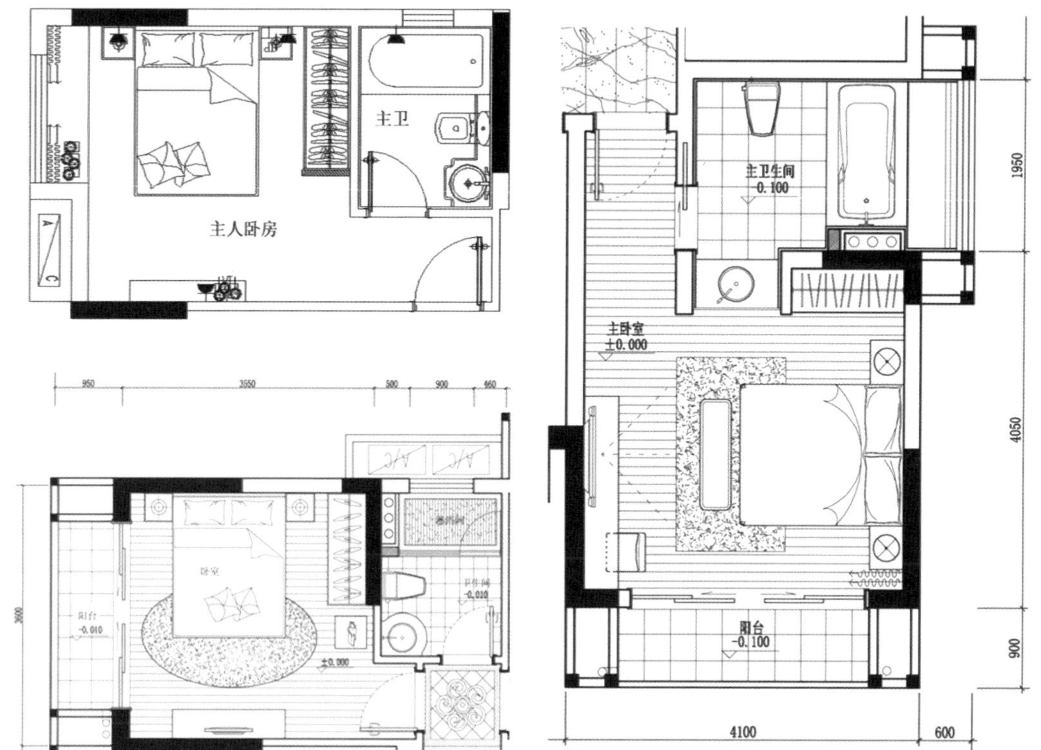

图4.2　主卧室设计2

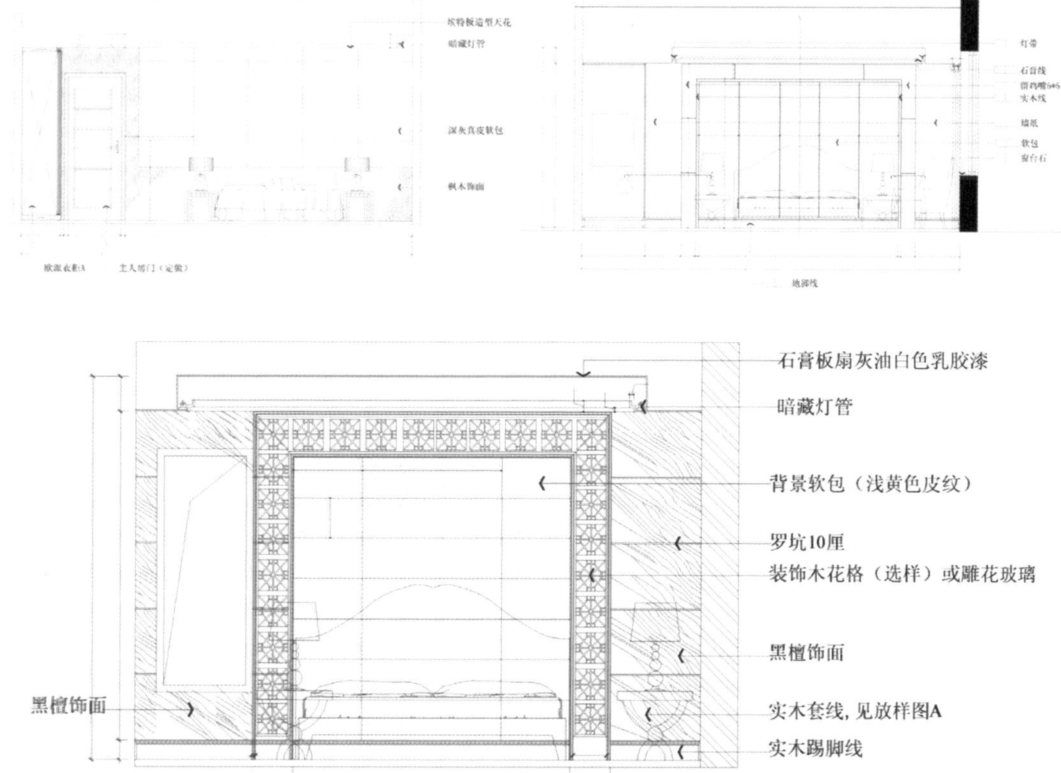

图4.3　主卧室设计3

图4.4　主卧室设计4

图4.5　主卧室设计5

◀图4.6 主卧室设计表现1

图4.7 主卧室设计表现2▶

图4.8 主卧室设计表现3

思考题

1. 主卧室的功能区域主要有哪些?
2. 绘制主卧室手绘表现图5张。

第二节　儿童卧室设计

儿童卧室是儿童成长和学习的场所。在设计时要充分考虑儿童的年龄、性别和性格特征，围绕儿童特有的天性来设计。儿童卧室设计的宗旨是“让儿童在自己的空间内健康成长，培养独立的性格和良好的生活习惯”。

儿童卧室设计时应考虑婴儿期、幼儿期和青少年期3个不同年龄阶段的儿童性格特点，针对儿童不同年龄阶段的生理、心理特征来进行设计。

1．婴儿期

婴儿期是指从出生到周岁这一时期的儿童，这一时期由于处于待哺乳状态，因此婴儿房通常设置在主卧室的育婴区。儿童半岁以后可以添置生动有趣的婴儿床和婴儿玩具。

2．幼儿期

幼儿期指1～6岁的儿童，又称学前期。在设计幼儿期儿童卧室时，安全性是首先要考虑的问题。家具要做成圆角，尽量不要使用大面积的玻璃和镜子，电源插座设置在远离孩子的高度，并选用带插座罩的插座。此外还要重视睡眠区的安全，如设置高低床，要保证高床的有效遮挡，防止儿童睡眠时翻身滚落。儿童卧室内要有充足的游戏空间，并摆放各种玩具供其玩耍，消除儿童独处时的孤独感和恐惧感。可以针对幼儿期儿童好奇、好动的特点，划分出一块儿童独立生活玩耍的区域，地面上铺木地板或泡沫地板，墙面上装饰五彩的墙纸或留给儿童自己涂抹的生活墙。因幼儿期儿童年龄较小，生活自理能力不足，房间应与父母房相邻，应尽量选择周围环境相对安静的房间，以减少噪音对儿童的干扰。幼儿期儿童卧室还应保证充足的阳光和新鲜的空气，这样对儿童身体的健康成长有重要作用。房间内的家具应富有趣味性，色彩艳丽、大方，有助于启发儿童的想象力和创造力。卧室的墙面和天花造型设计可以极具想象力，如运用仿生的设计原理，将造型设计成树木、花朵、海浪等。

3．青少年期

青少年期指6～18岁的儿童。这一时期的儿童已经入学，对事物的认知能力显著提高，也渴望获得知识。青少年期的儿童富于幻想，好奇心强，读书、写字成为生活中必行的事情。因此，在儿童房间内要专门设置学习区域，学习区域由写字台（或电脑台）、书架、书柜、学习椅和台灯等共同组成。

青少年期是儿童学习的黄金时期，也是培养儿童优良品质，发展优雅爱好，陶冶高尚情操的时期。在房间布置上应把握立志奋发的主题，如在墙上悬挂一些名言警句，在桌上摆放象征积极向上的工艺品等。

青少年期儿童房间的色彩应体现出男女的差异，男生比较喜欢蓝色、青绿色等冷色；女生则比较喜欢粉红、苹果绿、紫红、橙色等暖色。

儿童卧室设计如图4.9～图4.14所示。

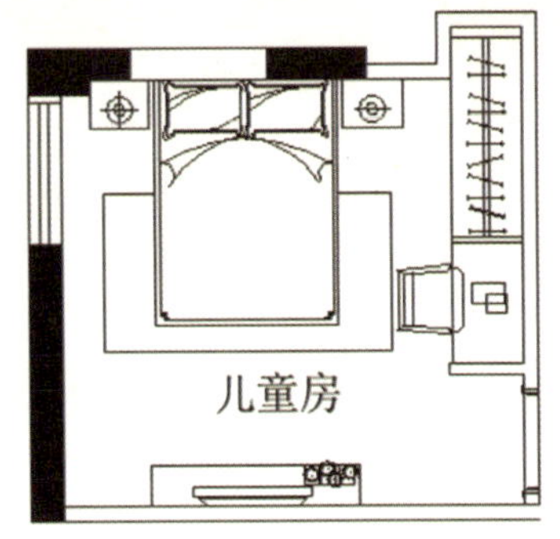

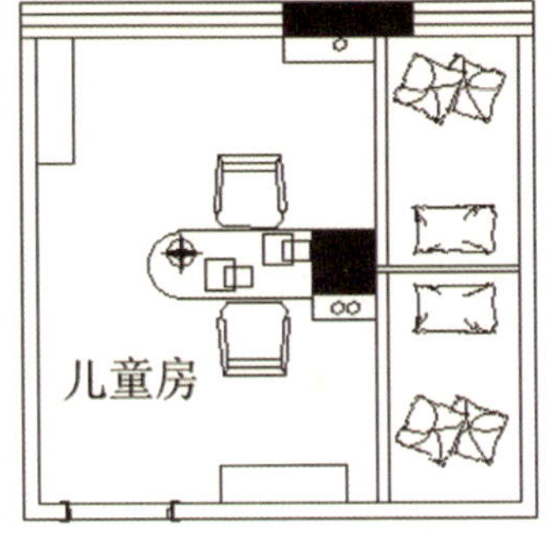

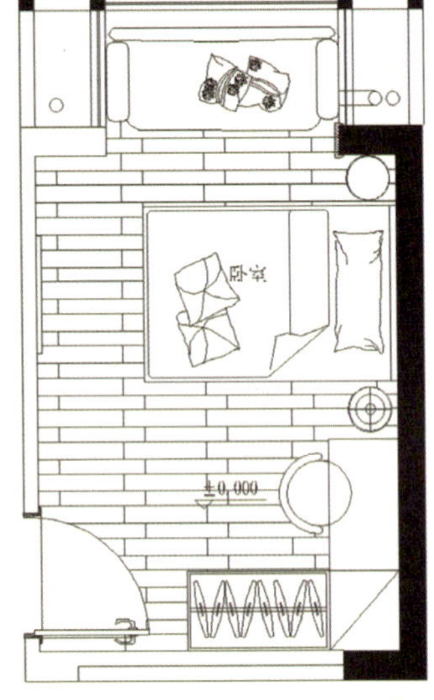

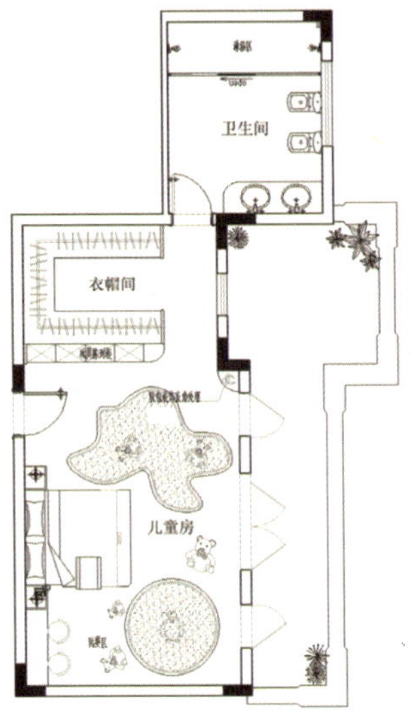

图4.9　儿童卧室设计1

图4.10　儿童卧室设计2

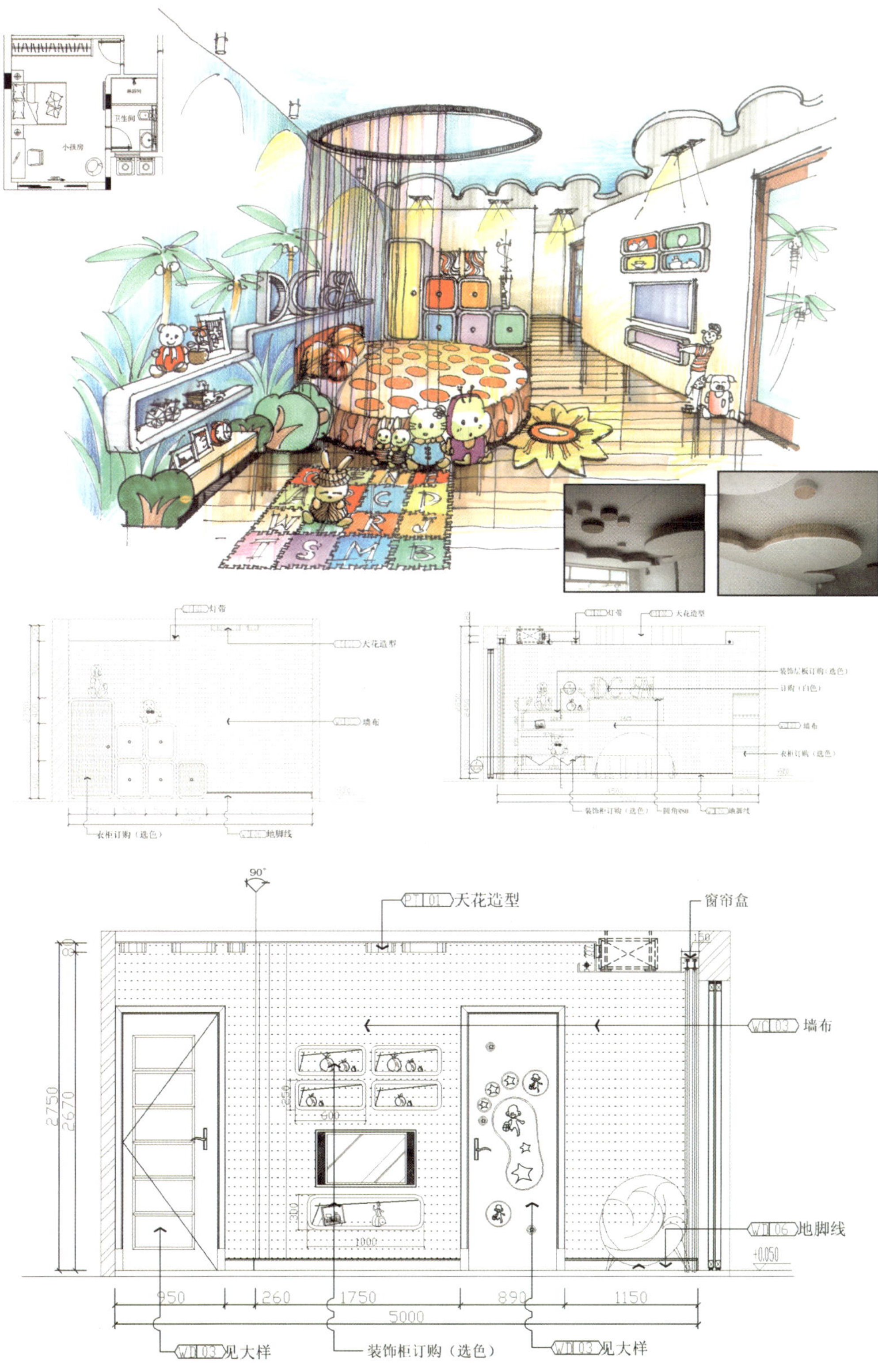

图4.11 儿童卧室设计3

图4.12 儿童卧室设计4

图4.13　儿童卧室手绘表现1
陈红卫、文健

图4.14　儿童卧室手绘表现2
陈红卫、林文冬

思考题

1．幼儿期儿童卧室的设计要点有哪些？

2．绘制2幅儿童卧室手绘表现图。

第三节　老人卧室设计

随着社会的进步和发展，人的寿命不断增长，预计到2014年我国老年人口的数量将达到2亿，许多家庭都将出现年轻人与老人同住的情况，老人卧室的设计正逐渐成为室内设计领域的一个重要课题。设计老人卧室必须了解老年人的生活习惯，符合老年人的生理、心理与健康的需要，创造出舒适、安逸、稳定的环境，在设计中应注意以下一些问题。

一、空间要求

根据老年人的生理和心理的特点，老年人较喜欢阳光，因此选择做老人卧室的房间应尽量朝阳，这样可以使老年人获得更多的阳光，还可以有效地防止老年骨质疏松。老人卧室的通风也很重要，最好选择南北对流的房间。老年人喜欢安静，太吵可能会影响老年人的睡眠及心情，所以在安排卧室的时候应尽量远离客厅和厨房。老年人由于生理的原因，对卫生间的需要越来越频繁。因此，应尽量在卧室里配一个单独的洗手间，或选择和洗手间接近的房间。在老人房间的选择上尽量不选择抬高的房间或是楼上的房间，这样更便于老年人行走。

二、老人卧室设计要素

1．布局和尺寸

老人卧室的整体布局与主卧室相仿，以对称布局的形式为主，这样可以营造出稳重、庄严的气氛。家具应尽量靠墙，以免造成通行不便。房间面积不能太小，应该留下适当的空间给老人活动，同时也可以避免老年人磕碰跌倒。窗户要安装窗帘，起到遮光效果，稍厚一些的窗帘还能增强隔音效果，减轻光污染和噪音影响。老人卧室可以适当放一些娱乐休闲的设施，如有些老人喜欢琴棋书画，可以考虑在房间放张书桌或是博古架。老人卧室不要过大，否则容易使老人觉得空旷、寂寞，一般较理想的空间大小在 15 m^2 左右，最好不超过 25 m^2。

2．家具

老年人年龄越大对旧事物就越珍惜，喜欢自己用过多年而品质尚好的旧家具，所以应尽量把原有家具融入设计中去，既满足了老年人多年生活的习惯也可帮助他们牵动对往日的追忆。家具不能太高，以免取物不便，不能低于膝，因为老年人不宜常弯腰。

睡眠质量对老人来说十分重要，一张舒适的床往往是老年人健康生活的保证。由于人体脊椎呈“S”形，躺下时需要有适当硬度的支撑物，因此富有弹性的床垫对人体的舒适程度和睡眠的质量至关重要。体重较轻者睡较软的床，使肩部臀部稍微陷入床垫，腰部得到充分支撑。而体重较重者适合睡较硬的床垫，弹簧的力度能让身体每个部位贴合在一起，特别是老年人的颈部与腰部是否得到良好支撑很重要。

3．色彩

老年人一般喜欢朴素、深沉、优雅的色彩，如米白色、浅驼灰色、浅咖啡色和深褐色等，这些颜色有助于睡眠和消除疲劳。在整体以素色为主调的环境下，可以使用一些颜色艳丽的点缀色来提亮整个空间，这样房间不至于太沉闷。同时，老人卧室的配色要以舒适为原则，要注重情感交流和视觉的舒适性。一般老人的怀旧情节都很重，在配色的时候可以在浅白的基调下，局部搭配一些怀旧的深褐色，既保持了优雅的怀旧情结，又使色彩在对比中更显柔和。在点缀色上可以使用一些绿色的植物来提亮空间，这种清新的绿色和怀旧的深褐色形成一个格调优雅的老人卧室。遇上对艳丽色有偏爱的老人，需要与老人进行充分的沟通，并可通过局部运用艳丽色，作为点缀和空间的调剂，而不是大面积使用。

4．照明设计

因老年人视觉退化，室内光亮度应比其他年龄段的使用者低一些。老人卧室最好是向阳的房间，这样可以最大限度地利用自然光。老人卧室内不但应设置一般照明，还应注意设置局部照明。为了保证老年人起夜的安全，老人卧室可设低照度长明灯，夜灯位置应避免光线直射躺下后的老年人眼部。老人卧室内的灯光要柔和，不能太刺眼，所以筒灯、射灯等直接刺激视网膜的灯最好都不用，一般选择漫反射的光源或者看不到灯泡的台灯等。如果装吸顶灯，则选择光源被磨砂玻璃罩住的灯具，这样就不会让刺眼的灯光引起眼睛不适，加重视觉系统疾病。因为老年人一般夜里多喜欢起夜，最好能让电源控制开关离床头近一些，方便老人操作。另外可以在卧室通往卫生间的走廊上安装地脚灯，方便晚上照明。卫生间的照明开关也最好安装在门外，方便使用。

5．材料

老人卧室的选材应考虑两点，一是物理安全，二是环保安全。从物理安全上来说老人卧室应尽量选择摩擦力大的材料，这样不易打滑。地面可用地毯，其色泽丰富多样，可选择柔和的颜色。在地毯上走起路来柔软舒适，脚感极好，还可以有效地防止跌倒情况的出现。但地毯容易积灰尘，为避免藏污纳垢引起疾病，要经常吸尘打扫。实木地板和复合木地板也是不错的选择，其触觉感受较好，富有弹性，并且能够改善室内环境。墙面不要选择过于粗糙或坚硬的材料，阳角部位最好处理成圆角或用弹性材料做护角，避免对老年人身体的磕碰。如果在室内需要使用轮椅，距地20~30 cm高度范围内应做墙面及转角的防撞处理。在隔音上老人卧室应选择吸音性、隔音性好的材料。触感柔细美观的墙布，具有保温、吸音功能，且图案丰富，样式美观，是老人卧室墙面装饰材料的理想之选。材料环保安全方面则要求在装修设计中注意材料的环保性能，老人卧室不宜设计石材等放射性强的材料，板材的甲醛释放量也应低于国家标准，内墙乳胶漆应选择环保的水性油漆。

老人卧室的设计与表现如图4.15～图4.18所示。

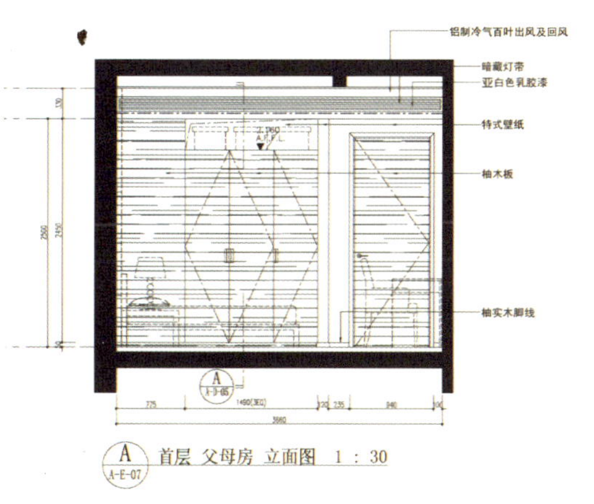

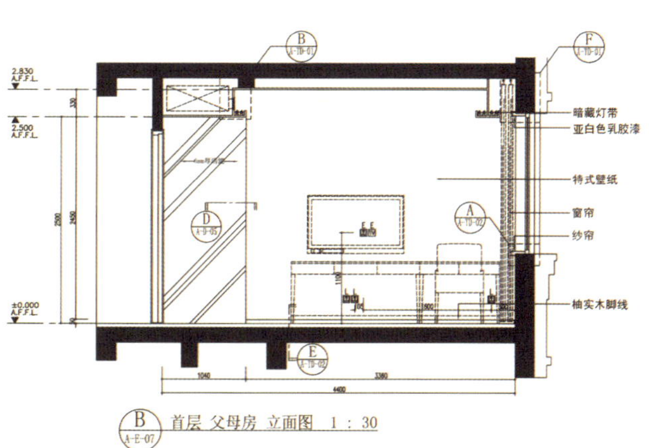

图4.15 老人卧室设计立面图

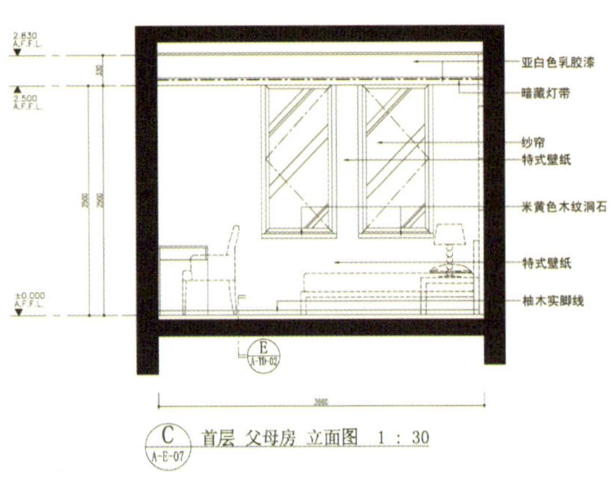

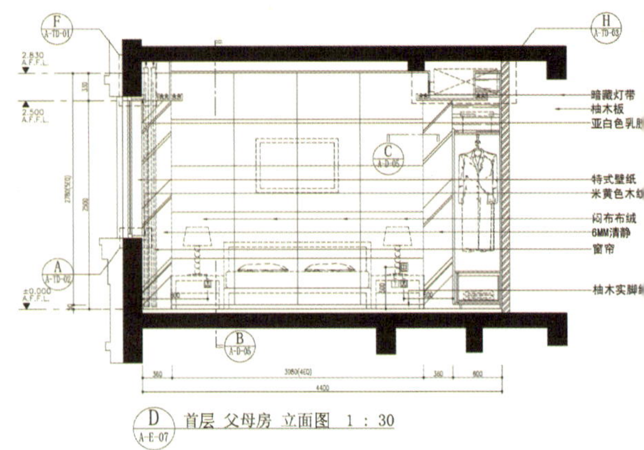

图4.15 老人卧室设计立面图(续)

图4.16 老人卧室设计1

图4.17 老人卧室设计2

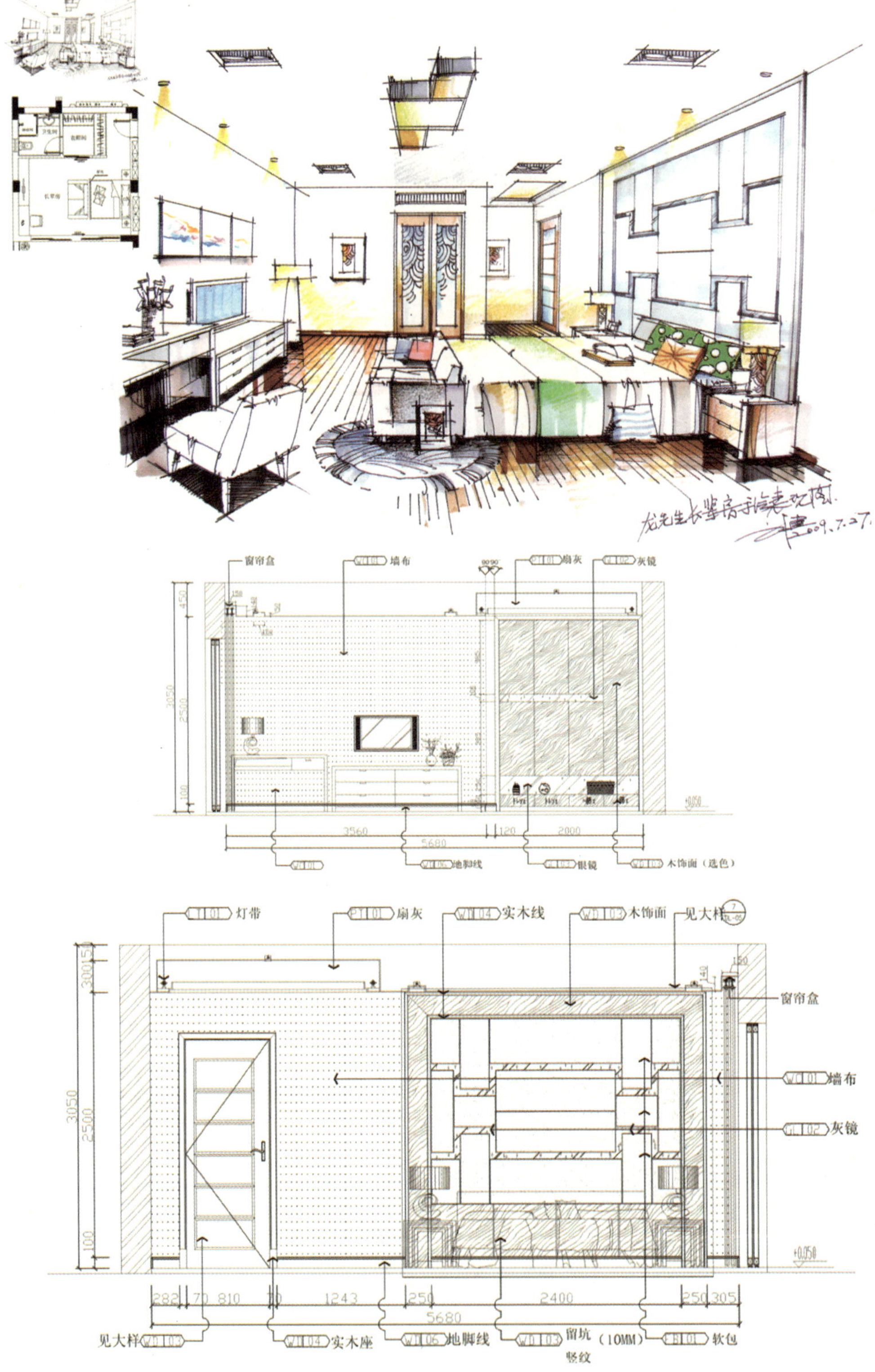

图4.18 老人卧室设计3

思考题

1. 老人卧室设计中应注意哪些问题？
2. 绘制5幅老人卧室手绘表现图。

第五章　餐厅与书房设计

餐厅是家人用餐和宴请客人的场所。民以食为天，餐厅不仅是补充能量的地方，更是家人团聚和交流情感的场所，是居室中一处幽雅、恬静的空间。书房是阅读、书写和学习的场所，也是体现居住者文化品位的空间。

第一节　餐厅设计

在住宅空间设计中，餐厅正日益成为重要的活动场所。布置好餐厅，既能创造一个舒适的就餐环境，还会使居室增色不少。由于居住空间有大有小，餐厅占地空间大小也不一样。有些人认为太小的空间无法放置餐厅所需的物品，一定要大的空间才可以设计；有些人则认为餐厅空间不能太大，认为餐厅太大会显得空旷、冷清。其实空间不在于大小，在于利用。首先在餐厅的结构上掌握好整体空间布局，然后在餐厅空间布局中来规划餐厅空间物体的摆放。我们可以通过下面的学习把餐厅从各方面进行解析，从而掌握餐厅的设计。

一、餐厅的功能分析及设计尺寸

餐厅尽量紧接厨房，以便缩短上菜路线，提高就餐效率。而备餐区、餐具储藏区和食品饮料储藏区以靠近餐厅为佳，如图5.1所示。

餐厅常用尺寸分为两部分，一是餐桌和餐椅的常用尺寸，二是餐厅空间的通行尺寸。餐桌标准尺寸：四人正方形桌为 760 mm × 760 mm，六人长方形桌为 1070 mm × 760 mm（1400 mm × 700mm 的六人长方形桌较舒适），圆桌半径为 450 ~ 600 mm，餐桌高为 710 mm，配 415 mm 高的餐椅。餐厅空间的通行尺寸如图 5.2 所示。

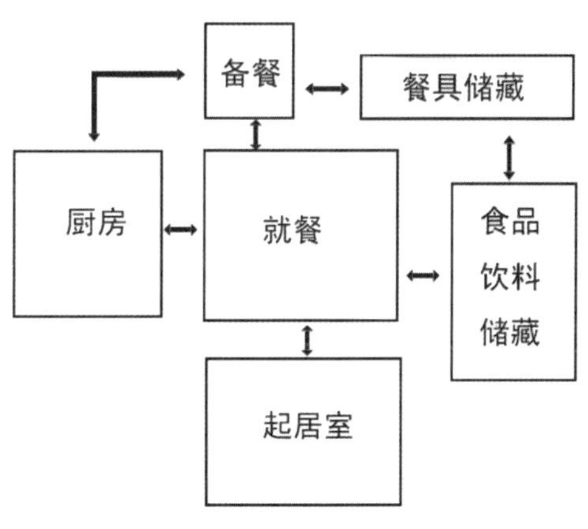

图5.1　餐厅布局分析图

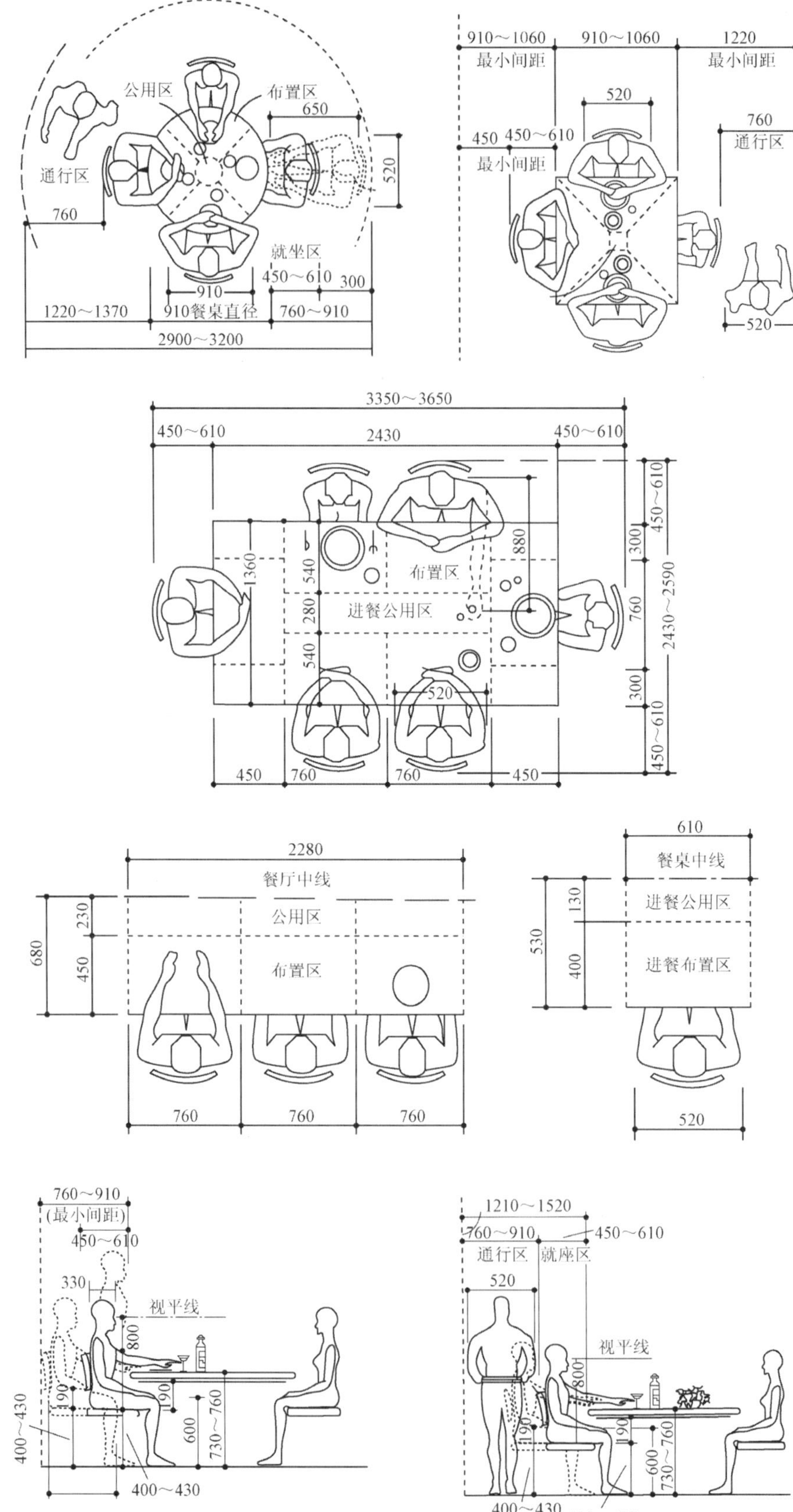

图5.2 餐厅空间的通行尺寸（mm）

二、餐厅设计要素

餐厅的设计与装饰，除了要同住宅空间整体设计相协调外，还应考虑餐厅的实用功能和美化效果。餐厅的设计要素包含以下几个方面。

1．餐厅天花设计

餐厅的天花设计应根据住宅空间设计的风格而定，如欧式风格的餐厅天花可以设计成向内凹的圆形，形似欧洲罗马式教堂的穹顶，显示出富贵、气派的效果；而自然风格的餐厅天花可以采用纹理清晰的桑拿板或竹节，营造出朴素、休闲的效果。餐厅天花还可设计成玻璃灰镜效果，利用镜面的反射作用，创造出奇特的装饰效果。此外，餐厅天花的高度可适当低一些，这样更能给人以亲切感和舒适感，营造出温馨的就餐环境。餐厅天花设计如图5.3所示。

图5.3　餐厅天花设计

2．餐厅墙面设计

餐厅墙面的装饰设计以酒柜为中心，酒柜设计是餐厅立面设计的重点，其造型应与室内整体风格相协调。其他墙面的设计多利用装饰材料进行外饰处理，常用的材料有大理石、壁纸、抛光砖、饰面板、乳胶漆等。墙面还可做成镜面效果，利用其反射作用，制造出虚拟的空间延伸效果，以达到扩展空间的目的。此外，餐厅墙面还可悬挂一些暖色调的装饰画，制造出温馨、优雅的气氛，还可以增加食欲，如图5.4所示。

图5.4　餐厅墙面设计

3. 餐厅地面设计

餐厅地面因为较容易沾染油污，所以应选用表面光洁、易清洁的材料，如大理石、抛光地砖、木地板等。为防止单调，可将地面做拼花处理，甚至可以使用钢化玻璃，展现出独特的装饰效果，如图5.5所示。

图5.5　餐厅地面设计

4．餐厅灯具与照明设计

餐厅的灯具主要是餐灯，其造型应简洁明了，但灯光要足够亮。最好可以安装方便实用的上下拉动式灯具，这种可调控灯具可以根据用餐时的氛围需求和用餐规模的大小合理配置灯光的强度和照射面积。餐厅灯光的颜色以柔和、淡雅的暖色为主。灯具的数量不用局限于一盏，可以几盏灯一字排开，也可以用间接照明，利用柔和的漫反射光线，烘托室内就餐气氛。

5．餐厅装饰品设计

餐厅装饰品的设计摆放是餐厅设计中不可缺少的部分，好的装饰品可以增添整个餐厅的情趣，是餐厅设计的点睛之笔。常用的餐厅装饰品包括装饰挂画、植物、艺术陈设品（陶瓷、藤编、竹编）等，布置时不可杂乱，主要通过其独特的造型和鲜明的色彩来引起视觉的注意，使其成为餐厅中的一个亮点。

三、室内施工图解析餐厅设计

设计创意与构思最终的实施是通过施工图来实现的。施工图可以细化设计的构造和尺寸，是指导施工，并做出成品的规范性图纸。施工图主要包括平面布置图、天花设计图、立面图和剖面详图等。

1．平面布置图分析餐厅布局

餐厅在平面布局上可以根据室内空间的大小而定。面积较大的室内空间可以单独拿出一个独立的房间作为餐厅，这样可以极大地降低用餐时外界的干扰，使家人和朋友可以在一个相对独立和幽静的空间用餐，营造出一个舒适、稳定的就餐环境。面积较小的室内空间常常采用客厅与餐厅相连式或餐厅与厨房相连式两种布局形式，这两种形式的餐厅可以节约空间，减轻压抑感，并可以缩短上菜路线，提高就餐效率。

2．立面图和剖面详图分析餐厅的造型、材料和尺寸

立面图和剖面详图可以分析出餐厅的天花造型、暗藏灯的位置、放置灯管的距离、餐桌摆放位置、吊灯的高度、施工的材料和尺寸的大小。

室内施工图解析餐厅设计如图5.6所示。

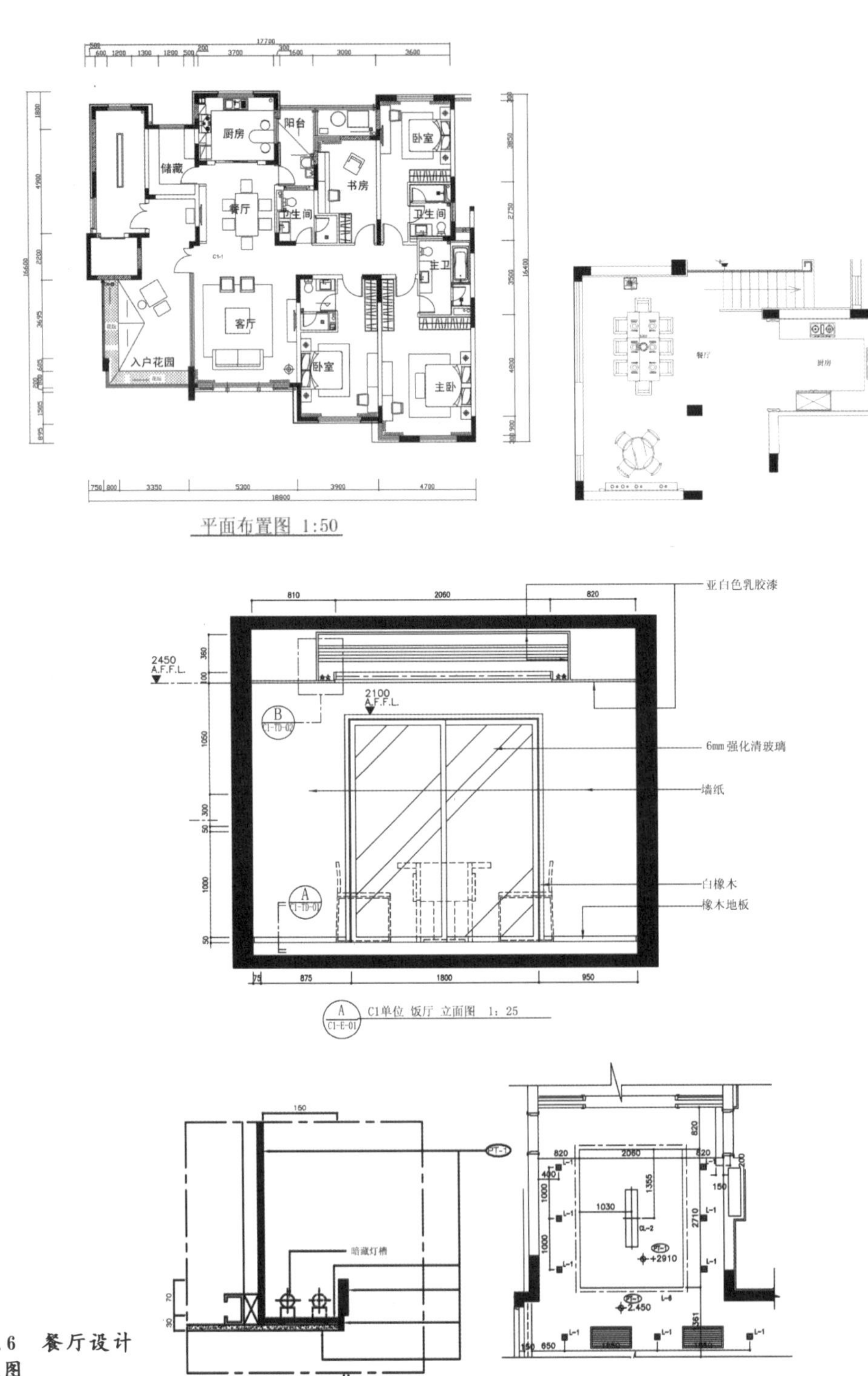

符号	内容	数量
L1	12V 50W x 1QR筒灯	
L2	12V 50W x 2QR筒灯	
L6	灯管灯槽(暗藏)	

图5.6 餐厅设计施工图

四、餐厅风格

餐厅的设计风格主要有中式、欧式、自然式和现代简约式四种风格样式。中式风格餐厅受中国传统文化和艺术的影响，讲究对称的布局，使用明清家具（如八仙桌、灯挂椅、条案等）配合中国传统手工艺品（如青花瓷、木雕、石雕等）和字画（如山水画、花鸟画、人物画等），以深褐色为主调，营造出庄严、稳重的气氛；欧式风格餐厅豪华、富丽，常用大理石、高级饰面板、金箔等材料，以黄色和深咖啡色为主调，营造出尊贵、典雅、温馨的室内环境气氛；自然式风格餐厅常采用粗犷、自然的材料（如松木、毛石、竹、藤等），充分表现材料的肌理，体现材料的天然、素色之美，从朴素中见高雅，营造出简单、质朴的室内环境；现代简约式餐厅讲究从功能出发，造型简洁，空间方正，摒弃不必要的和多余的装饰，满足人们对空间环境感性的、本能的和理性的需求。

餐厅的设计风格和表现如图5.7～图5.12所示。

图5.7　餐厅设计风格1

图5.8 餐厅设计风格2

图5.9 餐厅设计风格3

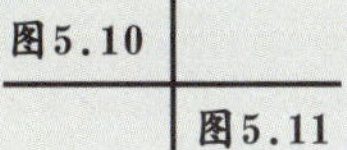

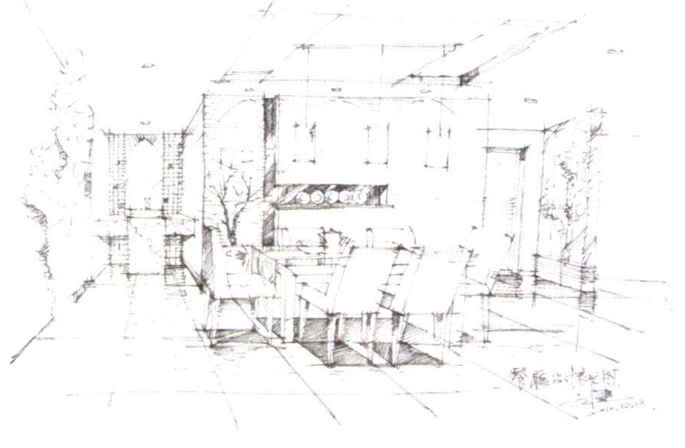

图5.10　餐厅设计表现1　陈扬(上图)、沙沛(中图)、陆守国(下图)

图5.11　餐厅设计表现2　王兆明(上图)、王娟(中图)、文健(下图)

图5.12　餐厅设计表现3　杨健(上图)、么冰儒(中图)、曾海鹰(下图)

思考题

1．餐厅的设计要素有哪些？

2．绘制5幅餐厅设计表现图。

第二节 书房设计

书房是住宅空间内供主人阅读、书写以及业余学习、研究、工作的空间。它是住宅中私密性较强的区域之一，能体现居住者的习性、爱好和品位。古人云："文如其人"，室内装饰风格是"室如其人"。因此书房的装饰风格原则上要突出个性，体现主人的素质、修养、爱好和情趣。书房的功能较为单一，在设计上总体应以简洁、清新、明快、舒适、宁静为原则。书房在设计上应注意以下一些问题。

1．空间独立

书房是思考、学习和工作的场所，需要宁静的环境，所以在设计时要考虑营造安静的环境和减少干扰。书房应尽量选择独立的房间，并与客厅、餐厅和儿童房隔开，尽量远离噪音环境。

2．采光和照明

书房是精细阅读的场所，对采光和照明的要求较高。白天应以自然光为主，但应注意防止太阳光的直射，以免视力受到刺激。书桌可以放在窗边的侧光处，防止阳光直射眼睛，也可以放在不受阳光直射的窗下，将窗外的美景尽收眼底，减轻视觉疲劳，书桌的摆放切不可背光。晚上的照明以顶部的白炽灯为主光源，配合台灯的局部照明。灯光光线要柔和明亮，过于刺眼的灯光容易造成眼部疲劳。如果是有门的书柜，可在层板里藏灯，方便查找书籍。书房的色彩一般不可过艳或过暗，以淡绿、浅棕、米白等柔和色调的色彩较为适合。

3．陈列饰品

为营造雅致的读书氛围，书房中不仅要收藏各类书籍，而且还应陈列一些收藏品和工艺品，如绘画、雕塑、古玩等，以创造出浓郁的文化气息，并为书房增添几分情趣。书房内还可摆放一些绿色植物，以减缓视觉疲劳。或放置小花瓶，插上几朵鲜花，随季节而更换，如玫瑰、剑兰、菊花等，为书房带来一缕清香的同时，还可增添一些阅读的乐趣。

4．合理放置

书房是藏书和读书的房间。书的种类较多，且有常看、不常看和藏书之分，所以应将书房进行一定的功能分区（如分出书写区、查阅区、储存区等），并将书籍进行分类。这样既可以使书房井然有序，还可提高工作的效率。书柜的书架设计也很讲究，其造型不一定拘泥于方正的形式，可以高低错落、大小并置、曲直结合。书的摆放形式也可以活泼一些，还可以穿插放置一些小饰品，这样可以为书房增添一些情趣。

5．书房家具符合人体尺度

在选择书房家具时，除了要注意书房家具的造型、质量和色彩外，必须考虑家具应适应人们的活动范围并符合人体健康的基本要求。也就是说，要根据人的活动规律、人体各部位尺寸和在使用家具时的姿势来确定书房家具的结构、尺寸和摆放位置。例如，在休闲阅读时，沙发宜柔软一些，平直一些，低一些，使双腿可以自由伸展，求得高度的舒适感，以消除久坐的疲劳。书房的家具有书桌、办公（学习）椅和书架等。书桌的高度应为750~800 mm，桌下净高不小于580 mm，坐椅的座高为380～450 mm，也可采用可调节式坐椅，使不同高度的人得到舒适的坐姿。书架厚度为300～400 mm，高度为2100~2300 mm

（也可到顶）。书架的种类很多，非固定式的书架只要是拿书方便的场所都可以旋转。入墙式或吊柜式书架，对于空间的利用较好。半身的书架靠墙放置时，空出的上半部分墙壁可以配合壁画等饰品一起布置。落地式的大书架有时可兼作间壁墙使用。这类书架放一些大型的工具书，看起来比较美观。一些珍贵的书籍最好放在有柜门的书柜内，以防书籍日久沾满尘埃。书桌台面的宽度不小于500 mm。

书房设计和表现如图5.13~图5.19所示。

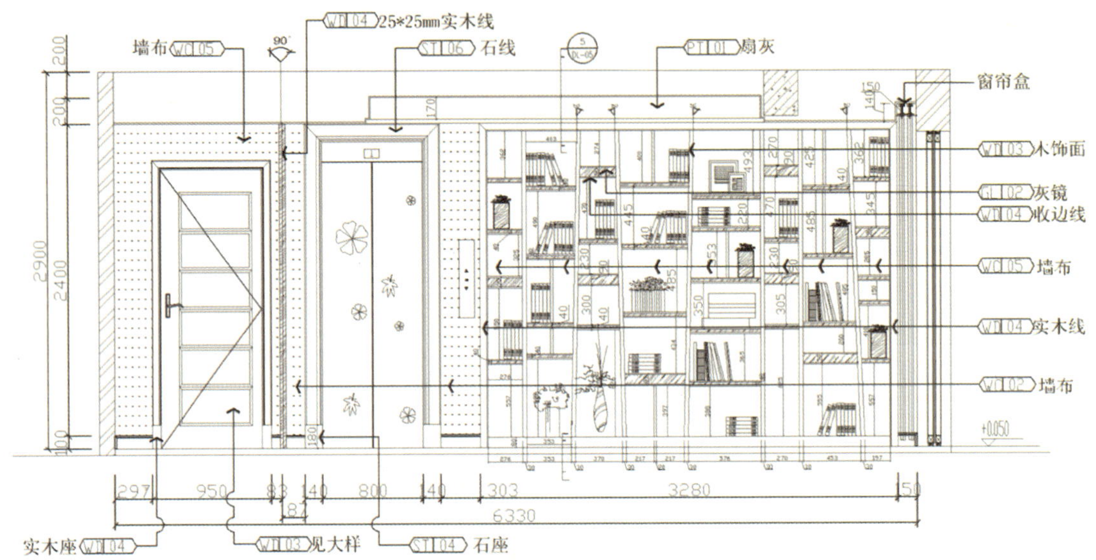

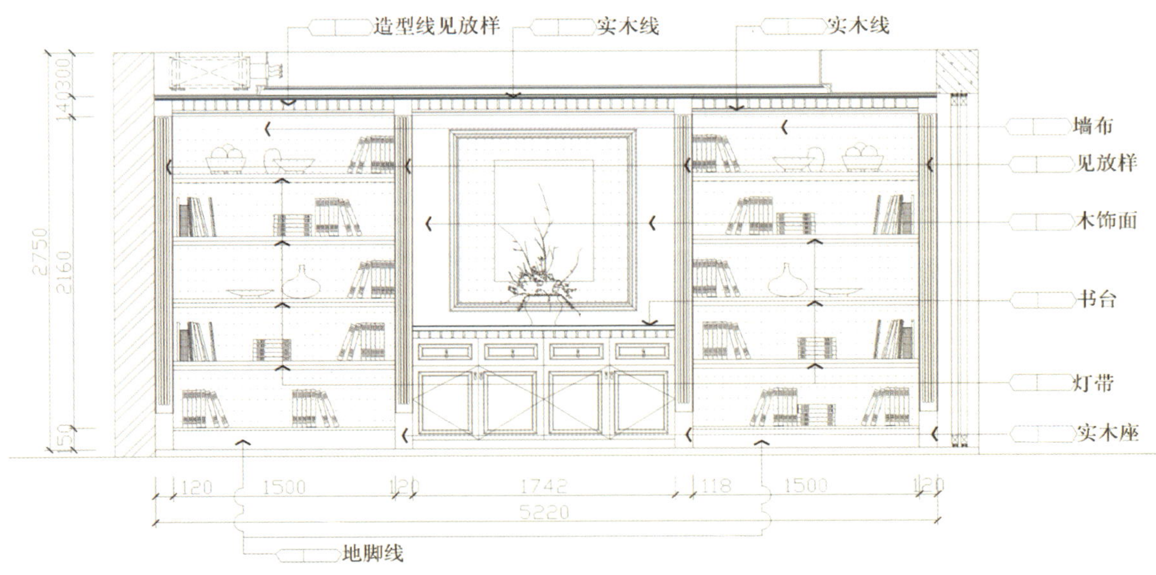

图5.13 书房设计图1

图5.14 书房设计图2

图5.15　书房设计图3

图5.16　书房设计图4

图5.17　书房设计图5

图5.18　书房设计图6

图5.19　书房设计表现图　沙沛(上图)、文健(下图)

思考题

1．书房在设计上应注意哪些问题?

2．绘制5幅书房手绘效果图。

第六章　厨房与卫生间设计

第一节　厨房设计

厨房是住宅空间中生活设施密度和使用频率较高的空间，其主要功能是洗涤备餐和烹饪菜肴，有的还兼有进餐的功能。优雅、舒适的厨房设计不仅可以缓解烹饪时的辛劳，还能带给人美的享受。现代厨房已经逐步走向科技化和智能化。风格各异、用途广泛的厨房已成为家居空间一道亮丽的风景线。

厨房应有足够的操作空间，要有洗涤和配切食品的地方，以及搁置餐具和熟食的周转场所，还要有存放烹饪器具和佐料的空间。厨房设计的原则是减轻烹饪时的疲劳感，营造舒适、安逸的备餐环境。厨房在设计上应注意以下几方面。

(1) 厨房的设计首先应考虑人体工程学尺寸，保证操作者能更加方便、舒适的进行备餐和烹饪，提高劳动效率，减轻劳动强度。如厨房操作台高度应该依据最常使用厨房者的身高设定为宜，如果最常使用者是老年妇女，则应以其身高作为主要参数，高的人照顾矮的人。厨房常用的操作台面高800~850 mm，工作台面与吊柜底的距离是500~600 mm，以免视线被遮挡。

(2) 厨房内要有足够的储存空间。一般家庭厨房都尽量采用组合式橱柜，合理利用一切可贮存物品的空间。组合橱柜常用地柜部分贮存较重的碗、碟、盘、罐、米等物品。操作台上可摆放油、盐、酱、糖等调味品和刀具、勺、锅铲等烹饪用具。组合柜的吊柜部分则可用来储藏一些较轻的备餐用具。

(3) 厨房设计常用的装饰材料有防火板、釉面砖和防滑砖等，具有方便清理、不易污损、防火、防热、防湿、耐久性较强等特点。其色彩应素雅、光洁，与橱柜的整体颜色相协调。

(4) 厨房工作区的布置，应根据厨房的大小、形状来设计，主要有以下4种。

① 一字形：即把所有的工作区都安排在一面墙上，通常在空间不大的厨房采用，优点是可以节省空间。但工作台不宜太长，否则易降低效率。在不妨碍通道的情况下，可安排一块能伸缩调整或可折叠的面板，可以扩大备餐面积，如图6.1所示。

② L形：即将存储区域、洗涤区域和烹调区域设置于两墙相接的位置，呈90度转角。

此种布局不仅可以节约空间，还能有效地提高工作效率，是较普遍、经济的一种厨房布局，如图6.2所示。

③ U形：U形是厨房布局中最为理想和完善的形式。它将存储区域、洗涤区域和烹调区域按照U字形依次设置，使三角形的工作区域得到完美体现。可以使厨房的工作效率大大提高，使操作路线流畅，劳动强度降低，但这种形式要求空间宽度不小于2.5 m，如图6.3所示。

④ 变化形：即厨房布局根据个人喜好和个性需求进行灵活布局，如曲线形、岛形等。其特点是打破了常规的布局方式，给人以新颖、独特的感觉，如图6.4所示。

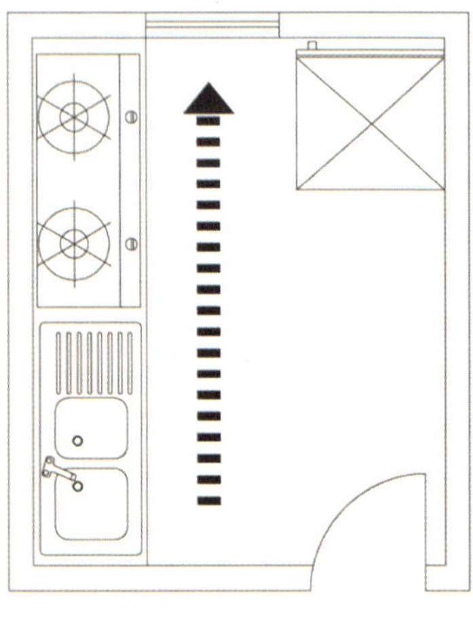

▲ 图6.1 一字形厨房空间设计　　▼ 图6.2 L形厨房空间设计

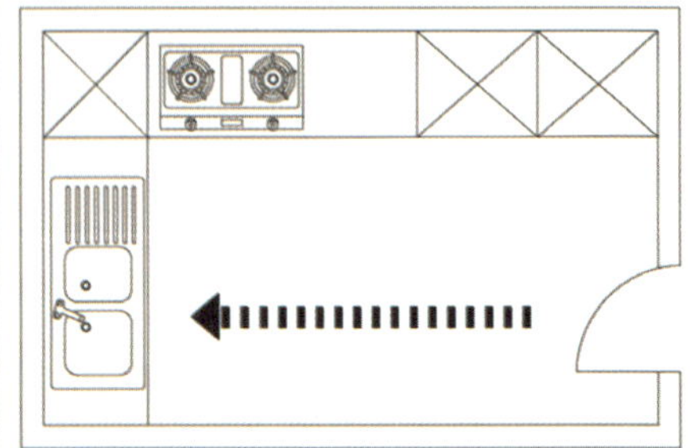

图6.3　U形厨房空间设计

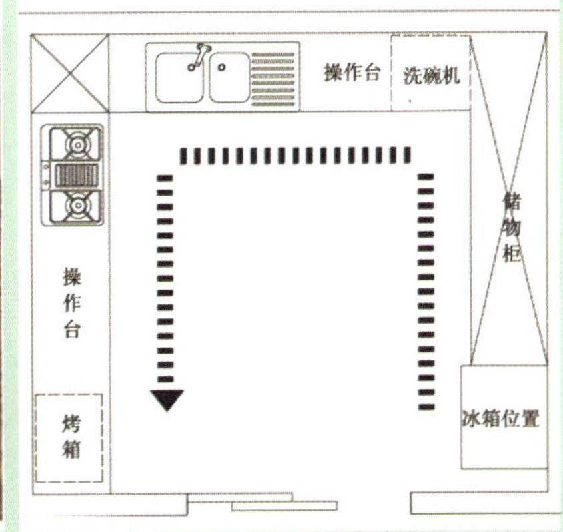

图6.4　变化形厨房空间设计

(5) 厨房地面设计应以光洁、明亮、防滑为原则，目前厨房地面使用比较多的材料是防滑砖。厨房是个容易藏污纳垢的地方，应尽量使其不要有夹缝，夹缝会成为日常保洁的难点。

(6) 厨房的墙面设计应主要考虑使用耐湿、耐磨、防水、方便清洁、不易沾油的材料。瓷砖具有独特的热物理稳定性、耐高温、易擦洗等特点，是厨房墙面的首选材料。

(7) 厨房天花应选择防火和不变形的材料。常用的厨房天花材料是防火塑料扣板和铝扣板。防火塑料扣板价格便宜，但供选择的花色少。铝扣板非常美观，常见的有方板和长条板，喷涂的颜色丰富，选择余地大，但价格较贵。另外如果采用吸顶灯，在把灯镶嵌在天花里时要做出隔层，以防灯产生的热量把天花板烤变形。

(8) 厨房的照明设计要以清晰的识别力为基本要求。厨房的灯光以采用能保持蔬菜水果原色的荧光灯为佳，这不仅能还原菜肴的固有色彩，增进食欲，还能提高烹饪的乐趣。

厨房的设计与表现如图6.5~图6.7所示。

图6.5 厨房空间设计1

图6.6 厨房空间设计2

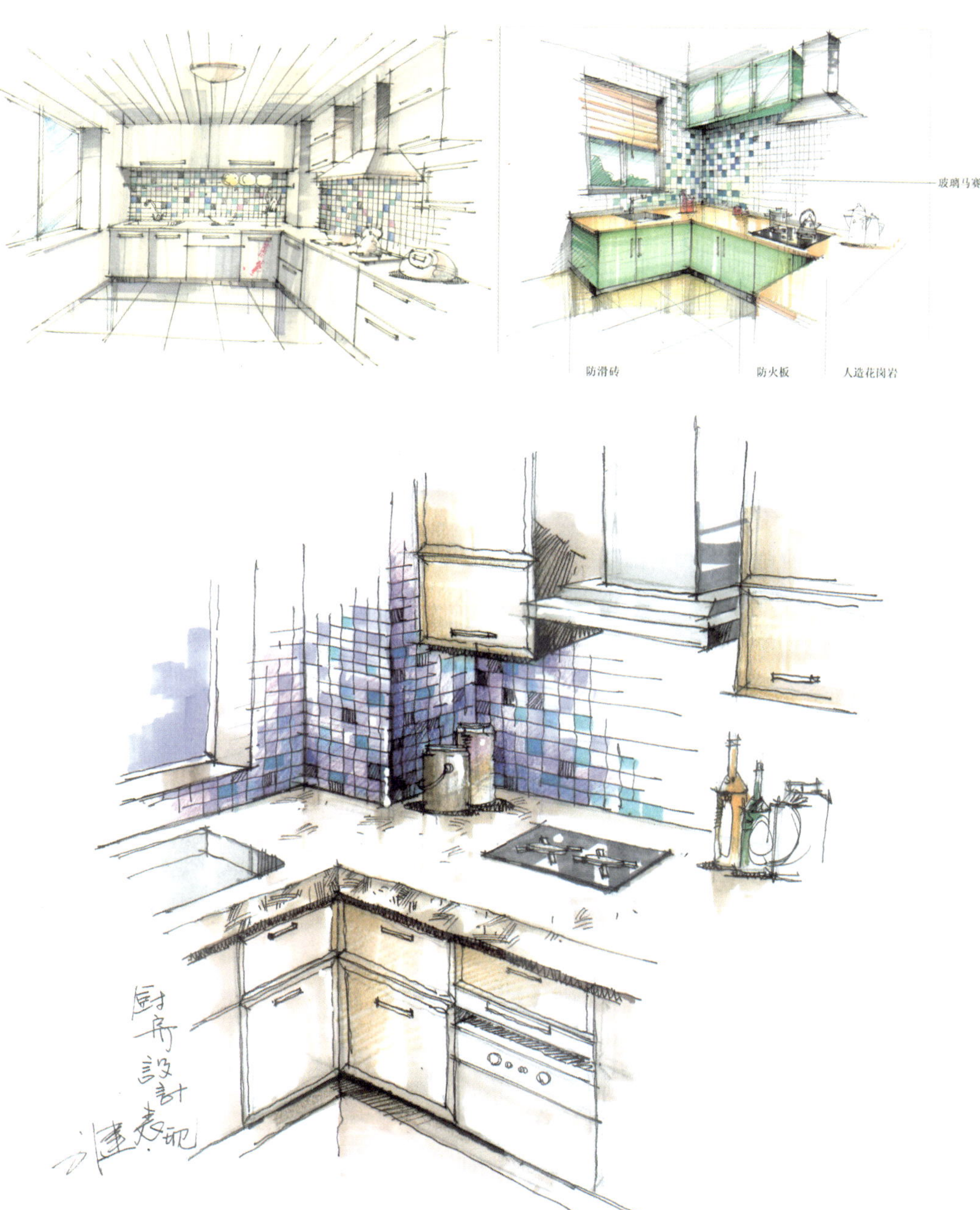

图6.7　厨房手绘表现图　文健

思考题

1．厨房设计应注意哪些问题？

2．绘制5幅厨房手绘效果图。

第二节　卫生间设计

卫生间是家庭生活设计中个人私密性最高的场所，也是缓解疲劳、舒展身心的地方。现代化的卫生间集休闲、保健、沐浴和清洗于一身，在优美的环境中让人的身心得到放松。卫生间的功能分区主要包括沐浴间、洗漱区域和便池区，设计时应注意以下几方面。

(1) 卫生间的装饰设计不应影响卫生间的采光和通风效果，电线和电器设备的选用和设置应符合电器安全规程的规定，尤其要注意防水，可以在开关插座上设置塑料防护罩。地面应采用防水、耐脏、防滑的地砖。墙面采用光洁、素雅的瓷砖，为减少单调感可在腰线处布置花瓷砖。顶棚常用铝扣板或PVC扣板，还可用玻璃灰镜穿插其中，利用其反射作用扩大空间感，也可用防水涂料装饰。

(2) 沐浴间、洗漱区域与便池区可用活动隔断（如玻璃推拉门、浴帘）分隔，防止水花四溅，使地面湿滑，形成安全隐患。卫生间的地面应略向排水口倾斜，以利于排水。

(3) 卫生间的整体色调以素雅的黑、灰、白色为主，营造出宁静、简约的环境，这样可以更好地放松身心。由于卫生间活动中皮肤裸露较多，因此要求卫浴洁具尽量采用光滑、圆角的设计，避免擦伤和划伤皮肤。

(4) 卫生间的设计可以赋予其休闲性，可以考虑把音乐、绿化、饰品等引入卫生间中，给卫生间增添几分艺术和自然的气息。

(5) 卫生间地板最好使用有凹凸花纹的防滑地砖，既防水又耐用。其常用的规格有：300 mm × 300 mm、200 mm × 300 mm、200 mm × 200 mm等。

(6) 卫生间洁具从使用功能上可分为三大类，即盥洗设备、便器设备和淋浴设备，另外还有相配套的小五金件及小机电件。

盥洗设备主要是面盆，面盆有镶入式面盆（包括台上盆和台下盆）、立柱式洗面盆、挂盆、角盆和组合盆等样式。面盆多采用陶瓷、人造大理石和仿玛瑙石（一种高分子复合材料）等材料，其质感细腻，表面光洁细密，光泽度强。面盆的形状有方形、圆形和椭圆形等。

便器设备有蹲便器、坐便器和小便斗等，多用陶瓷制成。坐便器主要有冲落式、虹吸式和喷射虹吸式3种样式，其中喷射虹吸式较常用，其冲洗噪声低、水面高（不易粘便）、污水置换率高，喷射水使排污迅速，是综合使用性能较好的节水坐便器。

淋浴设备有浴缸、淋浴房、浴盆、蒸汽房等。浴缸的种类主要有亚克力缸、钢板浴缸、和铸铁缸。

① 亚克力缸较为普遍使用，它既不会生锈又不易受损，而且非常轻便。同时亚克力浴缸的底部通常有玻璃纤维，以加强底部的承托能力。

② 钢板浴缸是用一定厚度的钢板成型后，再在表面镀搪瓷而成。它坚硬而持久，因其表面为搪瓷，较耐脏，好清洁，不易褪色，光泽持久。

③ 铸铁浴缸与钢板浴缸制作方法相似，只是所用基础材料是铸铁，也是一种传统浴缸。其最突出的优点就是坚固耐用，但清洁这种浴缸时不能使用含有研磨成分的清洁剂。另外，铸铁浴缸的缺点是水会迅速地变冷。

此外，还有人造石浴缸，天然石浴缸等。

淋浴房是最便宜和节省用水的洗浴设备，一次淋浴用水只需浴缸的三分之一，使用方便。越来越多的消费者选择淋浴房，特别是南方（天气炎热、沐浴次数相对较多）。淋浴房外形有正方形、长方形和曲线形等。淋浴房可设置简易的隔断门，其种类包括推拉门、折叠门、转轴门等。门的材料有PS胶和钢化玻璃，玻璃厚度有4 mm、 6 mm、8 mm等规格，还可分为普通玻璃、磨砂玻璃和艺术镶嵌玻璃等。淋浴房的组装要按照严格的工艺进行，淋浴房的挡门和移门相互平行、垂直、左右对称，两扇门开关方便顺畅，闭合无缝隙，不渗水，接口处应用硅胶密封，防止渗水至卫生间。

卫生间相配套的五金有水槽、龙头（淋浴龙头、浴缸龙头、感应龙头、面盆龙头）、衣钩、杯架、漱洗龙头、烟缸、皂网、花洒等。另外用在卫生间的还有些小机电类设备，如排气扇、送纸机、干手器、吹风机等。

陶瓷卫生洁具是卫生间常用的洁具，其主要特点是洁具的表面设有一层亚光釉，给人以光滑、润泽、厚实的感觉。

卫生间的设计与表现如图6.8~图6.16所示。

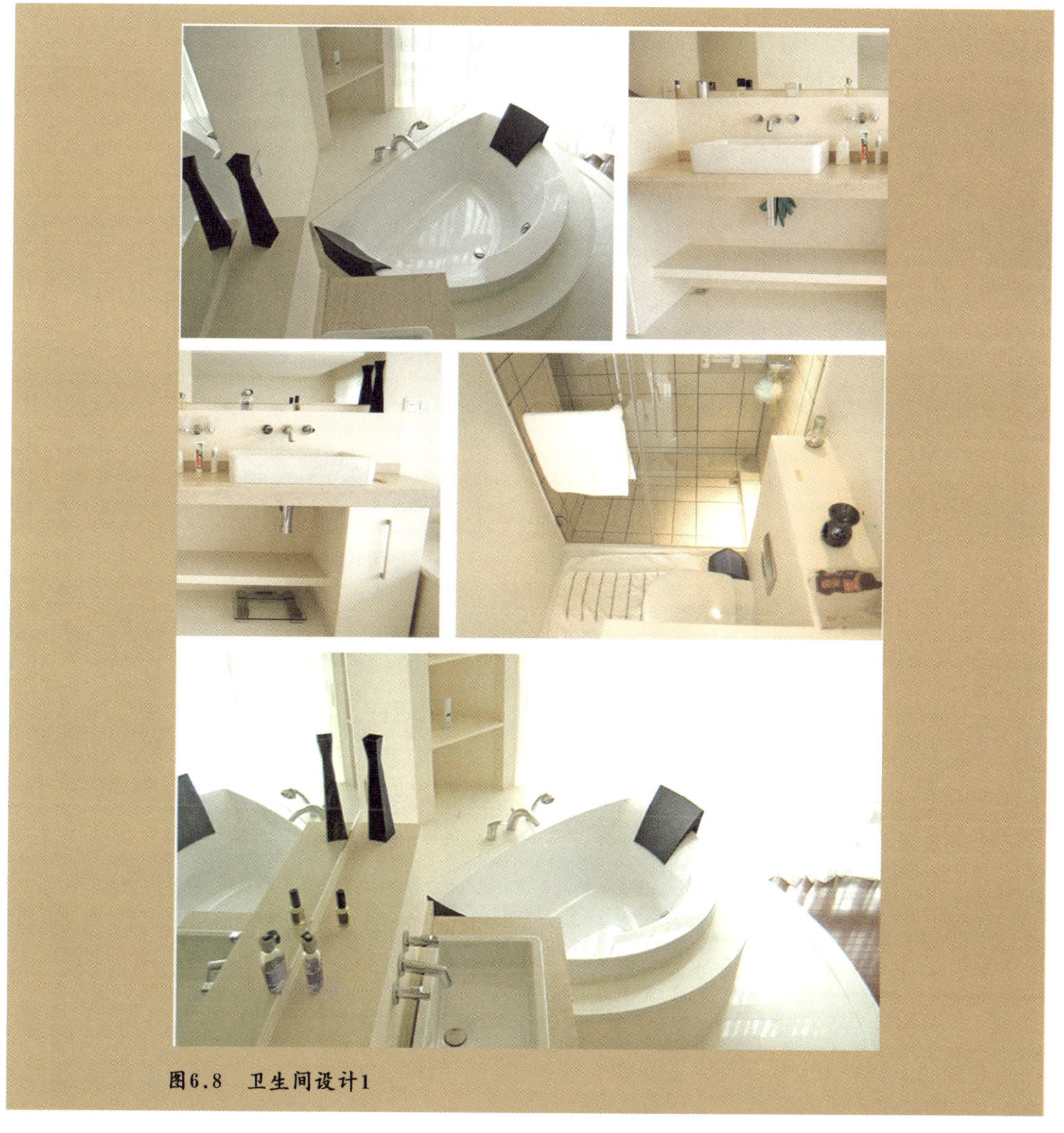

图6.8 卫生间设计1

▲ 图6.9 卫生间设计2

图6.10 卫生间设计3 ▶

图6.11　卫生间设计4

图6.12　卫生间设计5

图6.13　卫生间设计6

图6.14　卫生间设计表现1　杨健(上图)、陈红卫(下图)

图6.15　卫生间设计表现2　陆守国

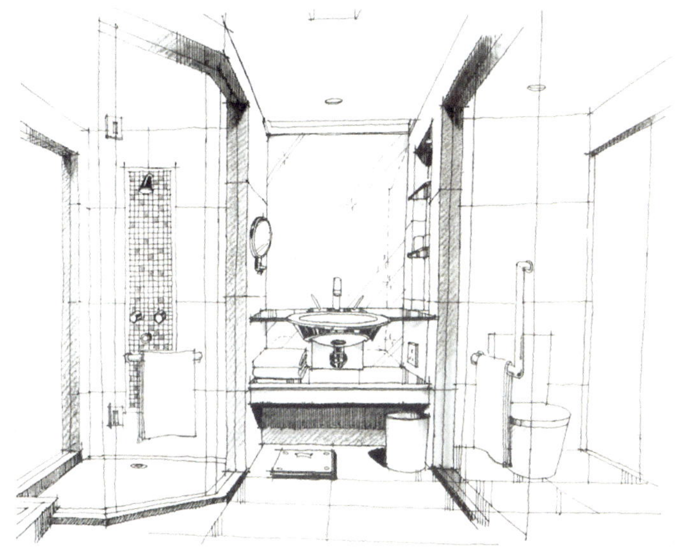

图6.16　卫生间设计表现3　陆守国

思考题

1．卫生间设计时应注意哪些问题？

2．绘制5幅卫生间手绘表现图。

参 考 文 献

[1] 王受之．世界现代建筑史［M］．北京：中国建筑工业出版社，1999．

[2] 王受之．世界现代设计史［M］．广州：新世纪出版社，1995．

[3] 陈志华．室内设计发展史［M］．北京：中国建筑工业出版社，1979．

[4] 齐伟民．室内设计发展史［M］．合肥：安徽科学技术出版社，2004．

[5] 陈易．室内设计原理［M］．北京：中国建筑工业出版社，2006．

[6] 邱晓葵．室内设计［M］．北京：高等教育出版社，2002．

[7] 张绮曼，郑曙阳．室内设计资料集［M］．北京：中国建筑工业出版社，1991．

[8] 李朝阳．室内空间设计［M］．北京：中国建筑工业出版社，1999．

[9] 陆震伟，来增祥．室内设计原理（上、下册）［M］．北京：中国建筑工业出版社，1997．

[10] 霍维国，霍光．室内设计原理［M］．海口：海南出版社，2000．

[11] 李泽厚．美的历程［M］．天津：天津社会科学院出版社，2001．

[12] 史春珊，孙清军．建筑造型与装饰艺术［M］．沈阳：辽宁科学技术出版社，1988．

[13] 童慧明．100 年 100 位家具设计师［M］．广州：岭南美术出版社，2006．

[14] 汤重熹．室内设计［M］．北京：高等教育出版社，2003．

[15] 朱钟炎．室内环境设计原理［M］．上海：同济大学出版社，2003．

[16] [法] 热尔曼·巴赞．艺术史［M］．刘明毅，译．上海：上海人民美术出版社，1989．

[17] 许亮，董万里．室内环境设计［M］．重庆：重庆大学出版社，2003．

[18] 尹定邦．设计学概论［M］．长沙：湖南科学技术出版社，2001．

[19] 席跃良．设计概论［M］．北京：中国轻工业出版社，2004．

[20] 潘吾华．室内陈设艺术设计［M］．北京：中国建筑工业出版社，2006．

[21] 文健．手绘效果图表现技法［M］．北京：清华大学出版社，北京交通大学出版社，2005．

[22] 文健．设计速写［M］．北京：北京大学出版社，2009．